Professionelles Schreiben für den Journalismus

Kerstin Liesem

Professionelles Schreiben für den Journalismus

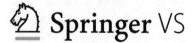 Springer VS

Kerstin Liesem
Köln
Deutschland

ISBN 978-3-531-18302-2   ISBN 978-3-531-19008-2 (eBook)
DOI 10.1007/978-3-531-19008-2

Die Deutsche Nationalbibliothek verzeichnet diese Publikation in der Deutschen National-
bibliografie; detaillierte bibliografische Daten sind im Internet über http://dnb.d-nb.de
abrufbar.

Springer VS
© Springer Fachmedien Wiesbaden 2015

Lektorat: Barbara Emig-Roller, Monika Mülhausen

Gedruckt auf säurefreiem und chlorfrei gebleichtem Papier

Springer VS ist eine Marke von Springer DE. Springer DE ist Teil der Fachverlagsgruppe
Springer Science+Business Media
www.springer-vs.de

Vorwort

Dieses Buch ist bewusst praxisorientiert angelegt. Mithilfe von praktischen Übungen kann der Leser die Grundregeln professioneller Textproduktion selbst einüben. Die Lösungsvorschläge in diesem Buch zeigen ihm, ob er auf der richtigen Fährte ist. Die unterschiedlichen journalistischen Darstellungsformen, ihren Aufbau und ihre Sprache lernt der Leser Schritt für Schritt anhand von Beispielen kennen.

Mein ganz besonderer Dank gilt dem Journalisten der Frankfurter Allgemeinen Zeitung, Herrn Oliver Koch, der dieses Buch konstruktiv begleitet hat. Bedanken möchte ich mich auch bei den Studierenden der Universität Potsdam, der Hochschule Aschaffenburg und des Mediencampus der Hochschule Darmstadt-Dieburg. Sie alle haben mir in meinen Vorlesungen und Seminaren wichtige Impulse gegeben, ohne die dieses Buch nicht in der vorliegenden Form hätte erscheinen können.

Köln, Juli 2014   Dr. Kerstin Liesem

Anmerkung der Verfasserin:

In diesem Buch wird der Einfachheit halber oft die männliche Form verwendet; solche Formulierungen schließen selbstverständlich immer alle weiblichen mit ein.

Einleitung

Gute journalistische Texte zu schreiben ist vor allem eines: harte Arbeit. Immer wieder über dem ersten Satz brüten, stets aufs Neue die Kernbotschaft aus einem Wust an Informationen herausschälen, ein ständiger Kampf um Ausdruck, Stil und Rhythmus. Hat der Autor seinen Text beendet, dann beginnt die Feinarbeit. Denn selten ist die erste Fassung schon so gut, dass sie ohne weitere Änderung in den Druck gehen könnte. Schon während ihres Studiums oder Volontariats bekommen (angehende) Journalisten den Satz eingehämmert: *„Qualität kommt von Qual."* Wer erfolgreich journalistisch arbeitet, wird bestätigen können: Gute Texte fallen dem Autor – in der Regel – nicht in den Schoß. Er muss dafür schwitzen. Oder, wie es der kolumbianische Philosoph Nicolás Gómez Dávila ausdrückte: *„Der Schriftsteller, der seine Sätze nicht foltert, foltert seine Leser."*

Natürlich gehört zum journalistischen Schreiben Talent. Das ist unbestritten. Trotzdem ist es eine Mär zu glauben, es würde genügen, auf den sprichwörtlichen Musenkuss zu warten. Denn professionelles Schreiben im Journalismus hat mehr mit Handwerk zu tun, als so manch einer zunächst vermuten würde. So gibt es Grundregeln, die dabei helfen, einen verständlichen Text zu schreiben. Diese stellt das vorliegende Buch in seinem **ersten Kapitel** vor. Praktische Übungen mit Lösungsvorschlägen können dazu beitragen, den Übungserfolg zu überprüfen.

Das **zweite Kapitel** widmet sich den unterschiedlichen journalistischen Darstellungsformen mit ihren Merkmalen und Besonderheiten. Vorgestellt werden daneben auch Regeln und Leitlinien, die den Autor dabei unterstützen können, das entsprechende Genre auszufüllen.

Das **dritte Kapitel** beschäftigt sich mit dem Texten für das Internet. Webspezifische Besonderheiten wie suchmaschinenoptimiertes Schreiben oder das Verfassen von Teasern stehen dabei im Vordergrund. Am Schluss des dritten Teils findet der Leser Impulse zum Schreiben von Blogs.

Inhaltsverzeichnis

Grundregeln für professionelle Texte 1

Zusammenfassung

Das erste Kapitel beschäftigt sich mit den Grundregeln für professionelle Texte. Anhand von Beispielen und Übungen zeigt die Autorin, welchen Einfluss Satzstruktur und Satzlänge sowie Wortwahl und Rhythmus auf die Verständlichkeit und Lesbarkeit von Texten haben. Objektive Kriterien für die Verständlichkeit liefern dabei das Hamburger Verständlichkeitsmodell und das Karlsruher Verständlichkeitskonzept. Das Ludwig-Reiners-Schema als von Journalisten verwendete Faustformel zeigt, welche Bedeutung die Satzlänge für die Verständlichkeit hat. Daneben widmet sich das erste Kapitel der Frage, welche Texte besonders gut in Erinnerung bleiben.

Schlüsselwörter

Textverständlichkeit · Textqualität · Satzstruktur · Textstruktur · Ludwig-Reiners-Schema · Hamburger Verständlichkeitsmodell · Karlsruher Verständlichkeitskonzept

1.1 Kurz, klar und bildhaft – die Einleitung

„Was immer du schreibst, schreibe kurz, und sie werden es lesen. Schreibe klar, und sie werden es verstehen. Schreibe bildhaft, und sie werden es im Gedächtnis behalten." Dieses Zitat stammt von Joseph Pulitzer.[1] Die Praxis zeigt: An diese drei Merkmale sollte sich halten, wer leserfreundliche Texte verfassen möchte. Denn der Journalist ist immer auch Erklärer. Er hat die Aufgabe, Informationen zu

---

[1] Bekannt ist Joseph Pulitzer auch als Stifter des renommierten Pulitzer-Preises. Dieser wird seit 1917 jedes Jahr für hervorragende journalistische Leistungen in den USA vergeben.

K. Liesem, *Professionelles Schreiben für den Journalismus,*
DOI 10.1007/978-3-531-19008-2_1, © Springer Fachmedien Wiesbaden 2015

vermitteln. Dazu muss er Politikersprech, Managerkauderwelsch und Bürokraten-deutsch in verständliche Sprache „übersetzen".

1.2 „Die Kürze ist die Schwester des Talents" – kurz schreiben

Der Schriftsteller Ernest Hemingway wird zitiert mit den Worten: „Autoren sollten stehend an einem Pult schreiben. Dann würden ihnen ganz von selbst kurze Sätze einfallen." Vom russischen Dramatiker Anton Tschechow stammt der Satz: „Die Kürze ist die Schwester des Talents." Platon soll geprahlt haben: „Denn auch dessen rühme ich mich ja, dass niemand dasselbe kürzer sagen kann als ich."

1.2.1 Das Ludwig-Reiners-Schema – eine Faustformel

Die Länge von Sätzen hat einen Einfluss auf deren Verständlichkeit. Der Stillehrer Ludwig Reiners hat herausgefunden, dass Sätze mit bis zu 18 Wörtern leicht ver-ständlich sind. Ab 26 Wörtern beginnt ein Satz, schwer verständlich zu werden. Sehr schwer verständlich ist ein Satz, der 31 oder mehr Wörter hat. Tabelle 1.1 zeigt, in welcher Weise sich die Anzahl der Wörter pro Satz auf die Verständlichkeit eines Textes auswirkt.

Holzschnittartig lässt sich sagen: Kurze Sätze sind besser verständlich als lange. Das leuchtet ein, liegen die Vorteile von kurzen Sätzen doch auf der Hand: Le-ser *und* Schreiber sparen Zeit. Denn Bandwurmsätze erfordern sowohl vom Autor als auch vom Leser Konzentration. Beide laufen Gefahr, sich in Satzlabyrinthen zu verheddern. Außerdem führen Bandwurmsätze leicht zu Missverständnissen beim Leser, die vom Autor aufgelöst werden müssen. Das alles kostet Zeit. Denn in der Regel sitzen sich Schreiber und Leser ja nicht gegenüber. Der Leser hat also nicht die Möglichkeit, unmittelbar nachzufragen, wenn er etwas nicht auf Anhieb ver-standen hat.

Tab. 1.1 Das Ludwig-Reiners-Schema

Verständlichkeit	Wörter pro Satz
Sehr leicht verständlich	bis 13
Leicht verständlich	14–18
Verständlich	19–25
Schwer verständlich	26–30
Sehr schwer verständlich	31 und mehr

Quelle: eigene Darstellung

Wer ausschließlich das Ludwig-Reiners-Schema als Maßstab anlegt, könnte zu dem Schluss kommen: Je kürzer ein Satz ist, desto besser. Es ist jedoch nicht damit getan, nur Texte mit kurzen Sätzen nach dem Muster Subjekt – Prädikat – Objekt zu verfassen. Das nämlich führt dazu, dass ein Text stakkatohaft wirkt und an einen Schulaufsatz in der ersten Klasse erinnert. Deshalb empfiehlt es sich, Satzlängen zu variieren, um Texten Rhythmus zu verleihen. Welcher journalistische Text welche Satzlängen verträgt, hängt entscheidend von der Textsorte ab. So finden sich in den Polizeimeldungen der Tageszeitungen normalerweise mehr kurze Sätze als in einer Reportage in einem Magazin. Außerdem kommt es auf die Art des Mediums an. Wer für das Hören schreibt, muss in der Regel kürzere Sätze verwenden als der Autor eines Printtextes.

▶ **Tipp:** Beim Merkmal „Kürze" sollte sich der Autor folgende Gedanken machen:
- Für welche journalistische Darstellungsform schreibe ich?
- Für welches Medium schreibe ich?
- Ist die Länge der Sätze der Textsorte angemessen?
- Ist die Länge der Sätze dem Medium angemessen?

1.2.2 Satzstruktur

Wichtig ist außerdem, dass der Autor die Satzstruktur genau unter die Lupe nimmt. Denn linear aufgebaute Sätze sind für den Leser leichter zu verstehen als nichtlinear angeordnete Sätze. Charakteristisch für lineare Sätze ist, dass der Autor Informationseinheit an Informationseinheit fügt. Die Folge: Das Gehirn kann auch längere Sätze gut verarbeiten, weil die Informationen „häppchenweise" und „geordnet" dargereicht werden. Der folgende Beispielsatz ist linear aufgebaut. Er besteht aus 46 Wörtern und fällt dem Ludwig-Reiners-Schema zufolge in die Kategorie „sehr schwer verständlich". Trotzdem kann der Leser den Informationsgehalt schnell erfassen.

Beispiel für lineare Satzstruktur

Das neue Politbüro der Kommunistischen Partei Chinas hat ein Buch aus dem neunzehnten Jahrhundert ausgegraben, das die gegenwärtige Konstellation des Landes verblüffend genau beschreibt und dabei eine kurz bevorstehende Revolution in Aussicht stellt: Alexis de Tocquevilles „Der alte Staat und die Revolution", erschienen im Jahr 1856.
Mark Siemons, Frankfurter Allgemeine Zeitung vom 11. Februar 2013, S. 27.

Schwerer zu verstehen sind Sätze, die nichtlinear aufgebaut sind. Dies ist dann der Fall, wenn der Autor dem Leser die Informationseinheiten nicht „häppchenweise" nacheinander anbietet. Der Journalist verwirrt den Leser, wenn er Informationsstränge immer wieder durch Einschübe oder Nebensätze unterbricht. Der folgende Beispielsatz besteht aus 29 Wörtern. Er enthält jedoch zwei Einschübe. Dadurch ist er schwerer zu verstehen als der vorhergehende Beispielsatz, der aus 46 Wörtern zusammengesetzt war.

Beispiel für nichtlineare Satzstruktur

Seitdem hat sich das Buch, das im Westen tief im Schatten von Tocquevilles anderem Werk, der „Demokratie in Amerika", steht, unter chinesischen Funktionären und Intellektuellen zu einem Bestseller entwickelt.

Mark Siemons, Frankfurter Allgemeine Zeitung vom 11. Februar 2013, S. 27.

Sätze mit einer linearen Satzstruktur sind also in der Regel besser verständlich als nichtlinear aufgebaute Sätze. Im Interesse der Leser sollte der Autor deshalb nichtlineare Sätze nur dosiert und mit Bedacht einsetzen.

▶ **Tipp:** Wenn es keine (stilistischen) Gründe für einen nichtlinear aufgebauten Satz gibt, geben Sie der linearen Satzstruktur den Vorzug:
   • Reihen Sie Informationseinheit an Informationseinheit!
   • Vermeiden Sie Schachtelsätze mit Einschüben!

1.2.2.1 Bandwürmer erkennen

Nichtlineare Satzstrukturen finden sich auch in journalistischen Texten. In den Redaktionsalltag schleichen sich immer wieder endlos lange Sätze ein, sogenannte Bandwurmsätze.

Beispiele für nichtlineare Satzstrukturen

Aus dem Kandidaten von „Hoffnung und Wandel", der nicht nur die Überwindung des Zanks in Washington, sondern sogar den „Beginn der Heilung des Planeten" anvisiert, der in seiner Antrittsrede als Präsident „das Ende des kleinlichen Klagens" und den „Sieg der Hoffnung über die Angst" sowie der „Einheit des Ziels über Konflikt und Zwietracht" verheißen hatte, ist ein Wahlkämpfer geworden, der in der Wahlkampagne seinen Herausforderer persönlich verunglimpft.

Matthias Rüb, Frankfurter Allgemeine Zeitung vom 4. September 2012, S. 3.

Mancher in Präsident Barack Obamas Wahlkampfstab hatte befürchtet, der frühere Präsident, der am zweiten Tag der National Convention der Demokraten die Hauptrede hielt und die Aufgabe hatte, Präsident Obama als Kandidaten für die Wahl im November zu nominieren, könnte seinen Auftritt zu eigenen politischen Zwecken missbrauchen und von den Regieanweisungen der Parteitagsplaner abweichen.
Matthias Rüb, Frankfurter Allgemeine Zeitung vom 7. September 2012, S. 6.

Wer erraten wollte, was aus einem Promovierenden geworden ist, dessen Dissertationsthema „Die Entwicklung des Berliner Flaschenbiergeschäfts" lautete, der wäre wohl kaum auf den Beruf Reichskanzler gekommen.
Andreas Platthaus, Frankfurter Allgemeine Zeitung vom 5. September 2012, S. N4.

Was sind die Charakteristika dieser Bandwurmsätze? Sie sind vollgestopft mit Informationen – wichtigen und weniger wichtigen. Bandwurmsätze lassen sich vermeiden, indem der Autor zwei einfache Regeln beachtet. Zum einen sollte er die wichtigste Information in den Hauptsatz stecken. Zum anderen sollte ein Satz nur eine *einzige* Information enthalten.

1.2.2.2 Bandwürmer sezieren

Was aber kann der Schreiber tun, wenn er mit einem Bandwurmsatz konfrontiert wird, zum Beispiel in einer Pressemitteilung? Ganz einfach: Er kann ihn sezieren und in seine Bestandteile zerlegen. Wie? Indem er sich fragt: Was ist die Kernbotschaft? Wenn der Autor diese ermittelt hat, sollte er sie in den ersten Hauptsatz stecken. Denn die Kernbotschaft muss der Leser schnell mitbekommen, um den Artikel einordnen zu können. Der Nebensatz ist – das sagt ja schon der Name – für Nebensächliches, Randepisoden, Details und Konkretisierungen da. Lesen Sie dazu folgenden Beispielsatz:

Beispiel für Bandwurmsatz

Zur Stärkung der Binnennachfrage muss daher eine konsistente wachstums- und beschäftigungsfördernde Politik der zentrale Zielpunkt sein, wobei Fehler der letzten Jahre – allen voran eine finanzpolitische Konsolidierung über kräftige Steuererhöhungen – zu vermeiden sind.
Liesem und Kränicke 2011, S. 52.

Wer mit einem solchen Bandwurmsatz konfrontiert wird, stellt sich sofort zwei Fragen:

- Was will mir der Autor mit diesem Satz sagen?
- Was ist die Kernbotschaft?

Die Hauptaussage erschließt sich erst nach dem zweiten oder dritten Lesen: Sie lautet:

> Eine konsistente wachstums- und beschäftigungsfördernde Politik muss der Zielpunkt sein.

Zugegeben, gut zu verstehen ist diese Kernbotschaft nicht. Der interessierte Leser wird sich deshalb Gedanken machen müssen, um zu verstehen, was der Autor damit meinen könnte. Dazu wird er diesen Satz in seine eigene Sprache „übersetzen" müssen. Das könnte dann so aussehen:

> Wir müssen unsere Wirtschaftspolitik konsequent auf Wachstum und Beschäftigung ausrichten.

Danach wird sich der Leser fragen: Warum müssen wir unsere Wirtschaftspolitik konsequent auf Wachstum und Beschäftigung ausrichten? Auch darauf gibt das „Satzmonster" bei genauerem Hinsehen eine Antwort:

> Zur Stärkung der Binnennachfrage.

Oder, um es allgemein verständlich auszudrücken:

> Damit die Bürger mehr konsumieren können.

Wer all diese Informationen zusammenfügt, erhält folgende Botschaft:

> Wir müssen unsere Wirtschaftspolitik konsequent auf Wachstum und Beschäftigung ausrichten, damit die Bürger mehr konsumieren können.

Daneben enthält dieser Satz noch eine zweite wichtige Botschaft:

> Wir müssen die Fehler der letzten Jahre vermeiden.

Schön und gut. Aber worin lagen diese Fehler? Auch diese Frage beantwortet der Bandwurmsatz.

(…) allen voran eine finanzpolitische Konsolidierung über kräftige Steuererhöhungen.

Oder verständlicher ausgedrückt:

Die Schulden der öffentlichen Haushalte abzutragen, indem wir die Steuern erhöhen.

Auch der Begriff „die Schulden der öffentlichen Haushalte" lässt sich verständlicher als „die Schulden der Haushalte von Bund, Ländern und Gemeinden" formulieren. Damit lautet der zunächst schwer verständliche Bandwurmsatz nun:

Wir müssen unsere Wirtschaftspolitik konsequent auf Wachstum und Beschäftigung ausrichten, damit die Bürger mehr konsumieren können. Dabei müssen wir die Fehler der Vergangenheit vermeiden: die Schulden der Haushalte von Bund, Ländern und Gemeinden abzutragen, indem wir die Steuern erhöhen.

► **Tipp:** Wer Bandwurmsätze vermeiden möchte, sollte folgende Grundregeln beachten:
- Möglichst nur eine Information pro Satz.
- Konzentration auf den Hauptsatz.
Wer Bandwurmsätze sezieren möchte, sollte folgende Grundregeln beherzigen:
- Die Kernbotschaft gehört in den Hauptsatz!
- Nebensächliches gehört in den Nebensatz!

1.2.2.3 Was zusammengehört, darf der Autor nicht trennen

Was weniger als drei Sekunden dauert, empfindet der Mensch als zusammengehörig. Dieser Grundsatz ist aus Sprachpsychologie und Verständlichkeitsforschung bekannt. Er hat praktische Folgen für Texte: Was zusammengehört, darf nicht mehr als drei Lesesekunden voneinander getrennt werden.

Jetzt fragen Sie sich sicher: Wie viele Wörter kann ich in drei Sekunden lesen? Die Antwort: Der Durchschnittsdeutsche liest in drei Sekunden sechs Wörter oder zwölf Silben. Natürlich ist dies nur ein ungefährer Richtwert. Denn es kommt darauf an, wie geübt ein Leser ist, wie vertraut er mit der Materie ist und wie kompliziert Thema und Satzbau sind.

Die zweite Frage lautet: Was gehört zusammen? Die Antwort: Innerhalb eines Satzes gibt es gewöhnlich bestimmte Teile, die zusammengehören. Welche dies sind, können Sie der folgenden Liste entnehmen:

Satzbestandteile, die zusammengehören:

- Bestandteile eines zusammengesetzten Verbs,
- Modalverben wie *können, sollen, dürfen, müssen* und das zugehörige Vollverb,
- Subjekt und Prädikat eines Satzes,
- Artikel und Substantiv,
- Bestandteile des Hauptsatzes,
- Hilfsverb und Partizip.

Die Bestandteile eines *zusammengesetzten Verbs* gehören zusammen.

Beispiel

Dieter Bohlen schlägt Thomas Gottschalk, seinen langjährigen Konkurrenten im Kampf um die Gunst der Zuschauer zwischen 16 und 60 Jahren, als Co-Moderator seiner Show vor.

Das zusammengesetzte Verb ist hier *vorschlagen*. Seine Bestandteile sind *vor* und *schlagen*. Nach dem Verb *schlägt* dauert es 21 quälend lange Wörter bis zum erlösenden Wörtchen *vor*. In der Zwischenzeit fragt sich der Leser: Schlägt Dieter Bohlen Moderator Thomas Gottschalk zusammen? Oder besiegt er ihn im Kampf um die Quote? Erst nach 21 Wörtern erlöst der Autor den Leser endlich. Dieser erfährt: Es ist alles ganz anders. In dem Satz geht es weder um ein Schlagen im Sinne von *Verprügeln* noch im Sinne von *Besiegen*. Es geht um das Vorschlagen im Sinne von *Empfehlen*. 21 Wörter lang sollte kein Autor den Leser auf die Folter spannen. Er muss früher mit der Sprache herausrücken. Deshalb müssen die Bestandteile eines zusammengesetzten Verbs enger zusammenrücken. Dann würde der Bohlen/Gottschalk-Satz so lauten:

Dieter Bohlen schlägt Thomas Gottschalk als Co-Moderator vor. Gottschalk war zuvor als „Wetten, dass …?"-Moderator lange Jahre ein harter Konkurrent von Bohlen im Kampf um die Gunst der Zuschauer zwischen 16 und 60 Jahren gewesen.

Neben den Bestandteilen eines zusammengesetzten Verbs bilden *Modalverben* zusammen mit ihrem *Vollverb* einen Komplex.

> **Beispiel**
>
> Der Mitarbeiter kann, sobald er all seine Aufgaben erledigt, seinen Schreibtisch aufgeräumt, die Zimmerpflanzen in die Obhut einer Kollegin gegeben und seinen Abwesenheitsagenten eingerichtet hat, in den Urlaub fahren.

Der Leser muss nach dem Modalverb *kann* 25 Wörter abwarten, bis er erfährt, dass der Mitarbeiter in den Urlaub fahren kann. Das ist zu lang. Dabei lässt sich eine solche „Klemmkonstruktion" leicht auflösen, und zwar zum Beispiel so:

> Der Mitarbeiter kann in den Urlaub fahren, sobald er all seine Aufgaben erledigt, seinen Schreibtisch aufgeräumt, die Zimmerpflanzen in die Obhut einer Kollegin gegeben und seinen Abwesenheitsagenten eingerichtet hat.

Auch *Subjekt* und *Prädikat* gehören in einem Satz zusammen. Deshalb sollten diese beiden Satzbestandteile nicht allzu weit voneinander entfernt stehen.

> **Beispiel**
>
> Margot Käßmann, die 2010 nach einer Autofahrt unter Alkoholeinfluss als Landesbischöfin der evangelisch-lutherischen Landeskirche von Hannover zurückgetreten ist und die jetzt zur Botschafterin für das Reformationsjubiläum 2017 ernannt worden ist, ist Großmutter geworden.

Der Hauptsatz beginnt mit dem *Subjekt* Margot Käßmann. Diesem folgt ein langer Nebensatz, der die Aufmerksamkeit des Lesers auf die beruflichen Stationen von Margot Käßmann lenkt. Dadurch ist der Leser auf dem Gleis: Käßmann als wichtige Persönlichkeit der evangelischen Kirche. Er erwartet, noch mehr über das berufliche Leben von Frau Käßmann zu erfahren. Deshalb ist er überrascht, wenn es plötzlich nicht mehr um ihren Beruf, sondern um ihr Privatleben geht. Auch hier gilt: So lange sollte kein Autor seine Leser auf dem „falschen Gleis" stehen lassen. Subjekt und Prädikat eines Satzes sollten räumlich näher zusammenrücken. Zum Beispiel so:

> Margot Käßmann ist Großmutter geworden. Nach einer Autofahrt unter Alkoholeinfluss war sie im Jahr 2010 als Landesbischöfin der evangelisch-lutherischen Landeskirche von Hannover zurückgetreten. Jetzt ist sie zur Botschafterin für das Reformationsjubiläum 2017 ernannt worden.

Genauso wie Subjekt und Prädikat gehören auch *Artikel* und *Substantiv* eines Satzes zusammen.

Beispiel

Die 60 Jahre alte mit einer schwarzen Lederhose und einem braunen Cowboy-Hut bekleidete Schauspielerin.

Dieser Satz lenkt die Aufmerksamkeit auf die Kleidung einer weiblichen Person. Um wen es sich genau handelt, erfährt der Leser erst nach einer langatmigen Beschreibung ihres Äußeren. Dabei ließe sich die Neugierde des Lesers ganz leicht schon vorher befriedigen, indem der Autor schriebe:

Die 60 Jahre alte Schauspielerin trägt eine schwarze Lederhose und einen braunen Cowboy-Hut.

Auch *Einschachtelungen*[2] und *eingeschobene Nebensätze* können Zusammengehörendes trennen. Denn, wir erinnern uns, der Leser kann einen Gedanken höchstens drei Sekunden lang im Gedächtnis behalten. Für Einschachtelungen und eingeschobene Nebensätze gilt ebenfalls die sogenannte *„Drei Sekunden-Regel"*. Das bedeutet: Ein eingeschobener Satz darf höchstens drei Sekunden oder sechs Wörter oder zwölf Silben lang sein.

Ist der Einschub länger, vergisst der Leser das, was vor der Parenthese oder vor dem Komma stand. Diesen Effekt können Sie an folgendem Beispiel studieren.

Beispiel

Kaum war dieses Buch in der Welt – nicht mal im Handel, nur als bruchstückhafter Vorabdruck in „Newsweek" – begann das Richtigstellen und Rechtfertigen. Wieland Freund, Die Welt vom 7. September 2012, S. 21.

Der Einschub in diesem Beispiel besteht aus zehn Wörtern. Damit ist er für den Durchschnittsleser zu lang. Leserfreundlich verfährt hingegen, wer den Schachtelsatz auflöst, und zwar zum Beispiel so:

Kaum war dieses Buch in der Welt, begann das Richtigstellen und Rechtfertigen. Dabei war es noch nicht einmal im Handel, sondern nur als bruchstückhafter Vorabdruck in „Newsweek" erschienen.

Genauso wie Einschachtelungen können auch eingeschobene Nebensätze zusammengehörende Textbestandteile trennen. Und zwar dann, wenn die Nebensätze zu lang sind.

---

[2] Mit Einschachtelungen sind Wortteile gemeint, die durch Kommata oder Parenthesen vom Rest des Satzes abgekoppelt sind.

> **Beispiel**
>
> An der Universität Köln hält Herr Professor Zuse, der in seiner Freizeit mit seinen Huskys an Hundeschlittenrennen teilnimmt und schon viele Preise gewonnen hat, im Wintersemester 2012/2013 die Vorlesung zum Bürgerlichen Recht, Allgemeiner Teil I.

Der eingeschobene Nebensatz ist mit 16 Wörtern zu lang. Zudem ist er verwirrend. Denn er enthält Informationen, die zwar interessant sind, aber mit der eigentlichen Aussage nichts zu tun haben. Die Kernbotschaft ist:

> Herr Professor Zuse hält im Wintersemester 2012/2013 die Vorlesung zum Bürgerlichen Recht, Allgemeiner Teil I.

Die Information, dass Herr Professor Zuse in seiner Freizeit mit seinen Huskys an Hundeschlittenrennen teilnimmt, hat mit Zuses Rolle als Jura-Professor nichts zu tun. Je nach Textsorte und Informationsziel kann der Autor die Information zu Zuses Hobby streichen oder diese in einem zweiten Satz verarbeiten.

> **Version 1** (ohne Detailinformation zu Zuses Hobby):
> An der Universität Köln hält Herr Professor Zuse im Wintersemester 2012/2013 die Vorlesung zum Bürgerlichen Recht, Allgemeiner Teil I.

> **Version 2 (mit Detailinformation zu Zuses Hobby):**
> An der Universität Köln hält Herr Professor Zuse im Wintersemester 2012/2013 die Vorlesung zum Bürgerlichen Recht, Allgemeiner Teil I. Herr Professor Zuse nimmt in seiner Freizeit mit seinen Huskys an Hundeschlittenrennen teil und hat schon viele Preise gewonnen.

Auch *Partizip* und *Hilfsverb* gehören zusammen.

> **Beispiel**
>
> Das Außenhandelsvolumen hat sich seit 1991 trotz zeitweilig hemmender Faktoren wie dem sich nahezu ein Jahrzehnt hinziehenden Krieg auf dem Balkan oder dem Handelsembargo gegenüber Jugoslawien von 7,1 Mrd. Euro auf 43,2 Mrd. Euro versechsfacht.
> Liesem und Kränicke 2011, S. 60.

Zwischen das Hilfsverb „*hat*" und das Partizip „*versechsfacht*" haben sich sage und schreibe 30 andere Wörter und Abkürzungen geschoben. Um diesen Satz lesbar zu machen, hilft nur die Radikalkur:

Das Außenhandelsvolumen hat sich seit 1991 versechsfacht: von 7,1 Mrd. Euro auf 43,2 Mrd. Euro. Und dies trotz widriger Umstände: Der Krieg auf dem Balkan dauerte fast ein Jahrzehnt, gegenüber Jugoslawien wurde ein Handelsembargo verhängt.

1.2.2.4 Der Hauptsatz

Hauptsachen gehören in den Hauptsatz und Nebensachen in den Nebensatz. Das ist eine Binsenweisheit. Trotzdem schleichen sich in der Praxis oft Hauptsachen in den Nebensatz oder umgekehrt. Das passiert besonders dann oft, wenn der Autor versucht, zu viele Informationen in einen einzigen Satz zu packen. Lesen Sie dazu noch einmal den schon bekannten Beispielsatz:

Beispiel

Zur Stärkung der Binnennachfrage muss daher eine konsistente wachstums- und beschäftigungsfördernde Politik der zentrale Zielpunkt sein, wobei Fehler der letzten Jahre – allen voran eine finanzpolitische Konsolidierung über kräftige Steuererhöhungen – zu vermeiden sind.

Liesem und Kränicke 2011, S. 52.

Der Nebensatz lautet „wobei Fehler der letzten Jahre – allen voran eine finanzpolitische Konsolidierung über kräftige Steuererhöhungen – zu vermeiden sind". Darin verbirgt sich eine (zweite) Kernaussage:

Fehler der letzten Jahre sind zu vermeiden!

Diese Botschaft gehört in den Hauptsatz!

1.2.2.5 Der Nebensatz

Wie schon erwähnt, ist es Aufgabe von Nebensätzen, zu konkretisieren und dem Leser Detailinformationen an die Hand zu geben. Außerdem können sie Rhythmus in Texte bringen. Die meisten Nebensätze werden an den Hauptsatz angehängt.

Beispiele für angehängte Nebensätze

- Sie besuchte die Karnevalsveranstaltung, die ihr ein Bekannter empfohlen hatte.
- Sie lud ihre Freunde zur Einweihungsparty in die Wohnung ein, die sie kurz zuvor bezogen hatte.
- Sie besuchte ihre Bekannte im Krankenhaus, obwohl diese ihr den Ehemann ausgespannt hatte.

Der angehängte Nebensatz ist in vielen Fällen die beste Variante. Denn er bietet dem Autor die Möglichkeit, den Hauptsatz elegant und leserfreundlich um Details zu bereichern. Auch Klemmkonstruktionen[3] lassen sich mit angehängten Nebensätzen gut aufbrechen.

Beispiel für Klemmkonstruktion

Das Gericht sagte die von Richter Hempel für den 24. August, 10 Uhr, im Raum 57 anberaumte Gerichtsverhandlung kurzfristig ab.

Diesen Satz kann der Autor so umformulieren:

Das Gericht sagte die Gerichtsverhandlung kurzfristig ab, die Richter Hempel für den 24. August, 10 Uhr, im Raum 57 angesetzt hatte.

Allerdings sollte der Autor es bei einem Nebensatz belassen. Denn ein weiterer „Unternebensatz" kann den Leser leicht verwirren, wie das folgende Beispiel zeigt.

Beispiel für Nebensatz und Unternebensatz

Sie lud ihre Freunde in die Wohnung ein, die sie kurz zuvor zusammen mit ihrem Mann, der sich dafür eigens sechs Wochen Urlaub genommen hatte, renoviert hatte.

Ein solcher Satz ist – zumindest beim ersten Lesen – schwer zu verstehen. Deshalb sollte der Schreiber diesem Sachverhalt ruhig zwei Sätze gönnen. Zum Beispiel so:

Sie lud ihre Freunde in die Wohnung ein, die sie kurz zuvor zusammen mit ihrem Mann renoviert hatte. Ihr Mann hatte sich dafür eigens sechs Wochen Urlaub genommen.

Der Autor kann den Nebensatz auch dem Hauptsatz voranstellen. Diese Nebensätze sind besonders bei guten Autoren beliebt, sorgen sie doch für Rhythmus im Text. Aber auch bei vorangestellten Nebensätzen gilt die *„Drei Sekunden-Regel"* als Faustformel: Nach spätestens sechs Wörtern sollte der Hauptsatz erreicht sein. Hier zwei Beispiele, in denen der Autor diese Regel beherzigt hat.

Beispiele für vorangestellte Nebensätze

- Wohin ich in den Urlaub fahre, weiß ich noch nicht.
- Wenn die Weinstube heute geöffnet ist, lade ich dich zu einem Glas Weißwein ein.

---

[3] Bei Klemmkonstruktionen schiebt der Autor Attribute zwischen Artikel und Substantiv.

Schließlich gibt es noch den eingeschobenen Nebensatz. Wer ihn verwendet, sollte ebenfalls stets die *„Drei Sekunden-Regel"* im Hinterkopf behalten.

Beispiele für eingeschobene Nebensätze

* Ich habe viele unterschiedliche Tiere, die aus Australien kamen, im Kölner Zoo gesehen.
* Unser Lateinlehrer, den wir „Melone" nennen, hat die Klasse ermahnt.

In einigen Fällen kann der Autor auf den Nebensatz verzichten, und zwar dann, wenn dieser

* eine Hauptaussage transportiert,
* eine Handlung weiterträgt,
* sachfremde Erwägungen (Fremdkörper) einschiebt,
* die Hauptaussage länger als drei Sekunden unterbricht.

Möglichst vermeiden sollte der Autor Nebensätze, die eine Hauptaussage transportieren.

Beispiel 1 für Nebensatz, der Hauptsache transportiert

Es hat sich soeben ergeben, dass ich Vater geworden bin.

In Beispielsatz 1 ist die Hauptaussage, dass der Autor Vater geworden ist. Diese Kernbotschaft gehört in den Hauptsatz. Der Satz muss somit lauten:

Ich bin soeben Vater geworden

Beispiel 2 für Nebensatz, der Hauptsache transportiert

Die Nachricht lautet, dass Benedikt XVI. als Papst zurücktritt.

Die Kernbotschaft dieses Satzes ist der Rücktritt von Benedikt XVI. als Papst. Diese gehört in den Hauptsatz. Der Satz lautet somit:

Benedikt XVI. tritt als Papst zurück.

Beispiel 3 für Nebensatz, der Hauptsache transportiert

Die Reisenden werden vom Streik der Fluglotsen, der allerdings noch nicht zu chaotischen Verhältnissen auf dem Berliner Flughafen geführt hat, gleich doppelt betroffen.

Beispielsatz 3 enthält zwei Hauptaussagen. Zum einen, dass die Reisenden vom Streik der Fluglotsen doppelt betroffen werden. Zum anderen, dass der Streik noch nicht zu chaotischen Verhältnissen auf dem Berliner Flughafen geführt hat. Im Nebensatz verbirgt sich somit eine zweite Hauptaussage. Auch diese gehört in einen Hauptsatz. Um die Faustregel: *„Nur eine Information pro Hauptsatz"* zu beherzigen, muss der Autor aus diesem Satz zwei Sätze machen. Diese könnten dann folgendermaßen aussehen:

> Die Reisenden werden vom Streik der Fluglotsen gleich doppelt betroffen. Allerdings hat dieser Streik noch nicht zu chaotischen Verhältnissen auf dem Berliner Flughafen geführt.

Beispiel 4 für Nebensatz, der Hauptsache transportiert

Heute sind die Geschwister Henrike, Nora und Bernd Hubert, die alle drei je ein Grundstück von ihren Eltern geerbt haben, vor dem Notar erschienen.

Dieser Satz enthält zwei Informationen, die beide gleich wichtig sind. Die erste Information lautet:

> Heute sind die Geschwister Henrike, Nora und Bernd Hubert vor dem Notar erschienen.

Die zweite Information lautet:

> Alle drei Geschwister haben je ein Grundstück von ihren Eltern geerbt.

Da es zwei Hauptinformationen gibt, sollte der Autor jeder dieser Informationen einen Hauptsatz gönnen:

> Heute sind die Geschwister Henrike, Nora und Bernd Hubert vor dem Notar erschienen. Jeder von ihnen hat von den Eltern ein Grundstück geerbt.

Verzichten kann der Autor außerdem auf Nebensätze, die eine Handlung vorantreiben.

Beispiel für Nebensatz, der Handlung vorantreibt

Derzeit gibt es für die Arbeitgeberseite im Berliner Fluglotsenstreik noch keinen Zwang zum Kompromiss, der wegen des öffentlichen Drucks jedoch nur noch eine Frage der Zeit sein wird.

Hier ist die Aussage im Nebensatz kein konkretisierendes Detail. Vielmehr treibt sie die Handlung voran. Deshalb gehört diese Information in einen Hauptsatz. Der Autor könnte den Satz somit folgendermaßen umformulieren:

> Derzeit gibt es für die Arbeitgeberseite im Berliner Fluglotsenstreik noch keinen Zwang zum Kompromiss. Ein solcher wird jedoch wegen des öffentlichen Drucks nur noch eine Frage der Zeit sein.

Besonders genau unter die Lupe nehmen sollte der Autor Nebensätze, die Fremdkörper einschieben, wie im folgenden Beispiel.

Beispiel für Nebensatz, der Fremdkörper einschiebt

Wir bekunden der Witwe, die 42 Jahre jünger als ihr Mann ist, aus dem Münchner Glockenbachviertel stammt und dort als Jugendliche von einem bekannten Regisseur entdeckt worden war, unser herzliches Beileid zum Tod ihres geliebten Gatten.

Hier ist die Hauptaussage:

> Wir bekunden der Witwe unser herzliches Beileid zum Tod ihres geliebten Gatten.

Die Detailinformationen zu Herkunft und Werdegang der Witwe konkretisieren die Hauptaussage nicht. Im Gegenteil: Sie lenken von der Hauptaussage ab und sind für den Leser deshalb eher störend. Es handelt sich also um einen Nebensatz, der einen Fremdkörper einschiebt. Je nach Textsorte kann der Autor einen solchen Nebensatz streichen oder dessen Aussage in separaten Sätzen verarbeiten. Der oben stehende Satz würde dann folgendermaßen lauten:

Version 1 (ohne die Details zur Witwe):
Wir bekunden der Witwe unser herzliches Beileid zum Tod ihres geliebten Gatten.

Version 2 (mit den Details zur Witwe):
Wir bekunden der Witwe unser herzliches Beileid zum Tod ihres geliebten Gatten. Die Witwe ist 42 Jahre jünger als ihr Mann. Sie stammt aus dem Münchner Glockenbachviertel und war dort als Jugendliche von einem bekannten Regisseur entdeckt worden.

Außerdem sollte sich der Autor in Acht nehmen vor Nebensätzen, die die Hauptaussage länger als drei Sekunden unterbrechen. Grund dafür ist wieder die *„Drei Sekunden-Regel"*.

Beispiel für Nebensatz, der Hauptsatz um mehr als drei Sekunden unterbricht

Ich habe viele unterschiedliche Tiere, die aus Australien, Afrika, aber auch aus Südamerika und Südostasien kamen, im Kölner Zoo gesehen.

Der Autor kann diesen Satz leserfreundlich umformulieren, indem er einen Doppelpunkt einfügt.

Ich habe im Kölner Zoo unterschiedliche Tiere gesehen: Manche kamen aus Australien und Afrika, andere aus Südamerika und Südostasien.

Praxisübung 1

Untersuchen Sie folgende Sätze. Schreiben Sie diese Sätze dann so um, dass sie für den Leser verständlicher werden!

1. Die Bundeskanzlerin, die auf den Koalitionspartner nicht zählen und auch in den Reihen der eigenen Partei nicht alle von ihrem Vorhaben überzeugen konnte, nutzte die Angst der Bevölkerung vor einer drohenden Inflation geschickt aus.
2. Der Juwelendieb war, als die Polizei, die ein Passant per Handy verständigt hatte, eintraf, schon geflüchtet.
3. Wir wünschen unserem Freund Charles, der aus Südafrika stammt, jetzt aber in Köln heimisch geworden ist und aus seiner Wohnung in der Südstadt nicht mehr wegmöchte, alles Gute zum Geburtstag.
4. Die Bäckerei, die schräg gegenüber der Kirche, die gerade renoviert wird, hinter hohen Bäumen versteckt liegt, ist im Juli nur vormittags geöffnet.
5. Michael Jung, der bei seinem olympischen Nullfehlerritt im Vielseitigkeitsreiten Nerven wie Drahtseile bewiesen hatte und die Goldmedaille gewonnen hatte, ist am Tag seines Olympiasieges 30 Jahre alt geworden.
6. Die mit einem schwarzen Dirndl mit pinkfarbener Schürze bekleidete Schauspielerin.
7. Boris Becker, der bereits mit 17 Jahren zum ersten Mal das Tennis-Turnier von Wimbledon gewonnen und danach noch zwei weitere Male in seinem „Wohnzimmer" gesiegt hatte, hat geheiratet.
8. Harry Krüger schlägt Lothar Mätthaus, der 1990 Europas Fußballer des Jahres und im darauffolgenden Jahr Weltfußballer des Jahres wurde, als Gastkommentator vor.

9. Professor Eduard Schreyvogel, der fließend Latein spricht und an den Römerfestspielen mitwirkt, hält morgen im Seniorenzentrum einen Vortrag über Demenz und deren Folgen für die Angehörigen.

10. Ich habe während meines Studiums unterschiedliche Maler, die aus Deutschland, den Niederlanden, Spanien und Italien kamen und in Berlin lebten, kennengelernt.

Lösungsvorschläge zu Praxisbeispielen:

Zu (1) Der Einschub, der durch Kommata vom Hauptsatz abgetrennt ist, ist mit 22 Wörtern deutlich zu lang. Denn der Durchschnittsleser verliert den Anschluss an den Hauptsatz, wenn der Einschub länger als sechs Wörter ist *("Drei Sekunden-Regel")*. Der Autor kann den Ursprungssatz folgendermaßen umschreiben:
Die Bundeskanzlerin nutzte die Angst der Bevölkerung vor einer drohenden Inflation geschickt aus. Auf ihren Koalitionspartner konnte sie nicht zählen, und auch in den Reihen der eigenen Partei konnte sie nicht alle von ihrem Vorhaben überzeugen.

Zu (2) Dieser Satz enthält neben einem Nebensatz noch einen Unternebensatz. Das ist zu viel und verwirrt den Leser. Als Lösung bietet sich an:
Der Juwelendieb war schon geflüchtet, als die Polizei eintraf. Ein Passant hatte die Polizei per Handy benachrichtigt.

Zu (3) Der Nebensatz ist zu lang und in sich selbst noch einmal verschachtelt. Das verwirrt den Leser. Er verliert gedanklich den „roten Faden". Stattdessen könnte man formulieren:
Wir wünschen unserem Freund Charles alles Gute zum Geburtstag. Charles stammt aus Südafrika, ist jetzt aber in Köln heimisch geworden und möchte aus seiner Wohnung in der Südstadt nicht mehr weg.

Zu (4) Auch dieser Satz enthält einen Nebensatz, an den sich ein „Unternebensatz" anschließt. Für den Durchschnittsleser ist dieser Satz zu stark verschachtelt, als dass er ihn beim ersten Durchlesen verstehen könnte. Deshalb hier ein Vorschlag für einen neuen Satz:
Die Bäckerei ist im Juli nur vormittags geöffnet. Gemeint ist die Bäckerei, die schräg gegenüber der Kirche versteckt hinter hohen Bäumen liegt und gerade renoviert wird.

Zu (5) Der Nebensatz ist mit 17 Wörtern zu lang. Wenn der Leser am Ende des Nebensatzes angekommen ist, hat er den Inhalt des Hauptsatzes vergessen. Deshalb folgender Änderungsvorschlag:

Michael Jung ist am Tag seines Olympiasieges 30 Jahre alt geworden. Bei seinem olympischen Nullfehlerritt im Vielseitigkeitsreiten hatte er Nerven wie Drahtseile bewiesen und die Goldmedaille gewonnen.

Zu (6) Artikel und Substantiv gehören zusammen. In diesem Satz sind sie jedoch mehr als sechs Wörter voneinander getrennt (*„Drei Sekunden-Regel"*). Die Folge: Der Leser muss zu lange warten, um zu erfahren, dass sich „die" auf „Schauspielerin" bezieht. Eine bessere Formulierung könnte lauten:
Die Schauspielerin trug ein schwarzes Dirndl mit pinkfarbener Schürze.

Zu (7) Subjekt und Prädikat eines Satzes gehören zusammen. Deshalb sollten sie nicht mehr als sechs Wörter voneinander getrennt stehen (*„Drei Sekunden-Regel"*). Der Autor kann den Ursprungssatz folgendermaßen umschreiben:
Boris Becker hat geheiratet. Bereits mit 17 Jahren hatte er zum ersten Mal das Tennis-Turnier von Wimbledon gewonnen. Danach hat er noch zwei weitere Male in seinem „Wohnzimmer" gesiegt.

Zu (8) Die Bestandteile eines zusammengesetzten Verbs gehören zusammen. Im Ursprungssatz muss der Leser zu lange warten, bis er erfährt, dass es sich um das Verb „vorschlagen" handelt. Besser wäre folgende Formulierung:
Harry Krüger schlägt Lothar Mätthaus als Gastkommentator vor. Matthäus war 1990 Europas Fußballer des Jahres geworden und im darauffolgenden Jahr Weltfußballer.

Zu (9) Der eingeschobene Nebensatz ist zu lang. Außerdem sind die Zusatzinformationen überflüssig. Für Menschen, die sich für seinen Vortrag interessieren, ist es unerheblich, dass Professor Schreyvogel fließend Latein spricht und an den Römerfestspielen mitwirkt. Somit kann der Autor den Nebensatz getrost wegstreichen:
Professor Eduard Schreyvogel hält morgen im Seniorenzentrum einen Vortrag über Demenz und deren Folgen für die Angehörigen.

Zu (10) Dieser Satz enthält einen eingeschobenen Nebensatz, der den Hauptsatz um mehr als drei Lesesekunden unterbricht (*„Drei Sekunden-Regel"*). Damit riskiert der Autor, dass der Leser den Inhalt des begonnenen Hauptsatzes vergessen hat, bevor er diesen wieder aufnimmt. Besser könnte der Autor deshalb formulieren:
Ich habe während meines Studiums verschiedene Maler kennengelernt. Sie kamen aus Frankreich, den Niederlanden, Spanien und Italien und wohnten in Berlin.

Praxisübung 2

Stellen Sie sich vor, Sie müssten einen kurzen Klappentext für Ihr Lieblingsbuch schreiben. Fassen Sie dafür den Inhalt Ihres Lieblingsbuchs in maximal 25 Wörtern zusammen. Das kann so aussehen[4]:

- Ein kleiner Mann macht eine große Erbschaft und scheitert am Leben als reicher Mann. Glücklich wird er erst, als er das Erbe wieder los ist.
  Hans Fallada: Kleiner Mann, großer Mann – alles vertauscht.
- Ein junger Schauspieler stellt seine berufliche Karriere über seine politische Überzeugung und wird so zum Werkzeug des nationalsozialistischen Regimes.
  Klaus Mann: Mephisto – Roman einer Karriere.
- Ein Junge beschließt, nicht mehr zu wachsen, und wird doch mit aller Härte erwachsen. Eine Geschichte im Kriegs- und Nachkriegsdeutschland, in allen Facetten.
  Günter Grass: Die Blechtrommel.
- Kleider machen Leute: Ein arbeitsloser Schuster kauft sich eine alte Hauptmannsuniform. Zusammen mit einigen Soldaten verhaftet er den Bürgermeister und plündert die Rathauskasse.
  Carl Zuckmayer: Der Hauptmann von Köpenick.

1.3 Klar schreiben

Der Philosoph Karl Popper war der Ansicht: „Wer es nicht einfach und klar sagen kann, der soll schweigen und weiterarbeiten, bis er's klar sagen kann" (Popper 1984, S. 100). Den Intellektuellen schrieb Popper ins Stammbuch:

Jeder Intellektuelle hat eine ganz spezielle Verantwortung. Er hat das Privileg und die Gelegenheit zu studieren. Dafür schuldet er seinen Mitmenschen (oder „der Gesellschaft"), die Ergebnisse seines Studiums in der einfachsten und klarsten und bescheidensten Form darzustellen.
Das Schlimmste – die Sünde gegen den heiligen Geist – ist, wenn die Intellektuellen es versuchen, sich ihren Mitmenschen gegenüber als große Propheten aufzuspielen und sie mit orakelnden Philosophien zu beeindrucken [...].

Popper 1984, S. 100.

---

[4] Diese Beispiele stammen zum Teil von den Studierenden des Seminars „Deutsch für Juristen" an der Juristischen Fakultät der Universität Potsdam.

Trotzdem scheint die Klarheit nicht ganz oben auf der Prioritätenliste vieler Autoren zu stehen. Dahinter steckt oft die vor allem in Deutschland verbreitete Meinung, intelligente Menschen müssten sich kompliziert ausdrücken. Komplexe Sachverhalte könnten nur unter Zuhilfenahme von komplizierten Satzkonstruktionen sowie Fach- und Fremdwörtern erörtert werden. Wer wissenschaftliche Bücher, Fachmagazine oder auch bestimmte Tageszeitungen liest, der kann dies bestätigen. Damit signalisieren die Autoren: Das Verfassen und Lesen komplizierter Sachverhalte ist kein Vergnügen, sondern harte Arbeit. Und: Wer sich nicht anstrengt und durch den schwierigen Text kämpft, der ist es nicht wert, in den „Club" aufgenommen zu werden. Das ist schade. Denn damit schreckt der Autor viele Leser ab. Deshalb sollte für den Journalisten immer gelten, was Franz Josef Strauß von einem guten Redner forderte: „Man muss einfach reden, aber kompliziert denken – nicht umgekehrt." In der Umgangssprache drücken wir uns – ganz selbstverständlich – klar aus. Wer käme schon auf die Idee zu sagen: „Von der Kostenseite her ist die Reise zu preisaufwendig." Vielmehr hieße es schlicht: „Die Reise ist zu teuer." Oder kennen Sie jemanden, der sagt: „Künftig muss ich mich um die Deckelung meiner Ausgaben bemühen"? Wohl kaum. Er wird davon sprechen, sparen zu müssen.

1.3.1   Die Sprache der Politiker

Politiker konfrontieren die Bürger immer wieder mit Wörtern und Wendungen, deren Sinn sich häufig nicht auf den ersten Blick erschließt. Was ist eine *geschlechtergerechte Informationsdebatte*? Was soll sich der Leser unter *nationalen Werte-Ressourcen* vorstellen? Und was sind *integrierte Identifikationsstrukturen*?

Frank Brettschneider, Professor für Kommunikationswissenschaft an der Universität Hohenheim, hat zusammen mit seinem Team die Wahlprogramme zur Landtagswahl 2011 in Rheinland-Pfalz auf deren Verständlichkeit hin überprüft.[5] Sein Ergebnis ist ernüchternd: „Die Wahlprogramme zur Landtagswahl in Rheinland-Pfalz sind für einen Großteil der Bevölkerung kaum ohne größere Verständlichkeitsprobleme lesbar. Lesern ohne Abitur dürften viele Passagen unverständlich bleiben." Der Grund: Die Wahlprogramme verwenden Politikersprech und Fachsprache – ganz selbstverständlich und ohne weitere Erklärungen. So fragt sich der Leser zu Recht: Was ist eine *Fallmanager-Transferleistungsbezieher-Relation*? Außerdem finden sich in den Wahlprogrammen Wörter und Wendungen wie *interdisziplinäre Kooperation, energetische Optimierung, Assimilation* oder *interkultu-*

---

[5] Weitere Analysen unter: https://www.uni-hohenheim.de/politmonitor/analysen.php, letzter Abruf: 18.Juli 2014.

relle Komponenten. Diese lassen ein Gros der Leser mit Fragezeichen in den Augen zurück.

Dass die Parteien bei der Landtagswahl in Rheinland-Pfalz Anglizismen oder „denglische" Begriffe verwendeten – also Wortschöpfungen, die sich aus deutschen und englischen Teilen zusammensetzen –, erschwerte den Hohenheimer Wissenschaftlern zufolge erheblich die Verständlichkeit des Gesagten. So sprach die CDU ganz selbstverständlich von *First Respondern*, die SPD von der *Clusterstrategie*, die Grünen von *Gender Budgeting* und *New Deal* und die Linke von *Workfare-Bürgerarbeit*. Journalisten sollten sich hüten, solche Begriffe „unübersetzt" und unkommentiert zu übernehmen. Denn damit werden sie ihrer Aufgabe nicht gerecht, ihre Leser zu informieren und zur politischen Meinungsbildung beizutragen.

1.3.2 Managersprech

Auch Manager verwenden häufig Floskeln und Phrasen. Dabei sind sie nicht einmal sehr kreativ. Christoph Moss identifiziert in seinem Buch „Deutsch für Manager" (Moss 2008, S. 44 ff.) Wörter, Textbausteine und Floskeln, die Manager überdurchschnittlich häufig nutzen. Dazu gehören Textbausteine wie *nachhaltige Projekte sind zielführend, Kompetenzen werden gebündelt* oder *auf innovative Management-Tools wird zurückgegriffen*. Oft hört oder liest man auch von *innovativen Organisationsabläufen, dynamischen Synergieeffekten* und *qualifizierten Motivationsstrukturen*. Wenn der Autor solche Textbausteine aneinanderreiht, dann steigt der Leser oder Zuhörer schnell aus. Genauso wie Politiker mögen auch Manager englische oder denglische Begriffe. Gerne sprechen sie etwa von *Cash-Burning-Rates* und *Customer Intimacy*.

1.3.3 Das Deutsch der Bürokraten

„Der Gesetzgeber soll denken wie ein Philosoph und reden wie ein Bauer." Dieser Satz stammt von Gustav Radbruch, dem bekannten Rechtshistoriker der Weimarer Republik. Trotzdem ist das unpersönliche, förmliche und oft auch unverständliche Bürokratendeutsch weit verbreitet – besonders in Texten, die von Behörden stammen.[6]

---

[6] Für ein verständliches Amtsdeutsch macht sich die „Forschungsstelle verständliche Sprache" an der Ruhr-Universität Bochum stark. Kernstück ist eine Datenbank mit verständlichen Mustertexten, vgl. http://www.moderne-verwaltungssprache.de/186.html. Letzter Zugriff: 18. Juli 2014.

1.3.3.1   Der Nominalstil

Charakteristisch für das sogenannte Bürokratendeutsch ist der Nominalstil.

Beispiele für Nominalstil

* Die Inverkehrbring*ung* der Maschinen kann erst nach Kenntniserlang*ung* durch die Behörden erfolgen.
* Ich habe eine Inaugenschein*nahme* des Betriebs in Erwäg*ung* gezogen.
* Die Weiger*ung* des Ministers zur Deckel*ung* der Ausgaben führte zu einem Streit innerhalb der Koalition.

Ein Autor kann leicht feststellen, ob er Nominalstil verwendet, indem er die Silben zählt. Je mehr Silben ein Begriff hat, desto wahrscheinlicher ist es, dass er aus der Bürokratenwelt stammt. Schauen Sie sich die Endungen genau an: Wörter, die auf -ung, -heit, -keit, -ät, -mus, -ik, -ität, -ion oder -ismus enden, deuten auf Bürokratendeutsch hin. Oft stehen mehrere von ihnen in einer Reihe. Entstanden sind diese Wörter oft aus Verben, zum Beispiel, indem diesen die Endung -ung oder -keit angehängt wurde. So wird aus „Kenntnis erlangen" die „Kenntniserlangung", aus „wahrnehmen" die „Wahrnehmung" und aus „bewahren" die „Bewahrung". Nach demselben Muster gestrickt sind auch Substantive wie Inverkehrbringung, Bewältigung, Verpflichtung und Versorgung. Leserfreundlich sind diese Substantivierungen nicht. Sie sind dennoch beliebt, weil sie dazu beitragen, eigene Unzulänglichkeiten zu vertuschen. Von der *Deckelung der Ausgaben* zu sprechen, hört sich allemal besser an, als zuzugeben, dass man sparen muss.

Der Nominalstil geht häufig mit Passivkonstruktionen einher, die den Verfasser davon befreien, Ross und Reiter zu nennen. Der folgende Satz lässt den Leser im Unklaren darüber, wer diese Meinung hat.

Beispiel

Zur Begründung der Meinung wird die Argumentation angeführt, dass…

1.3.3.2   Sezieren des Nominalstils

Ein weiterer Grund dafür, dass der Nominalstil so beliebt ist, ist folgender: Kein Unternehmen, kein Politiker und keine Behörde möchte sich juristisch angreifbar machen. Aus Angst, sich in die Nesseln zu setzen, werden lieber die Substantivierungen aus dem Gesetz abgeschrieben. Dieses Motiv ist nachvollziehbar. Mag ein Text auch juristisch perfekt sein – die Lesefreude beim juristischen Laien hält sich in Grenzen. Dabei ist es oft ganz einfach, den Nominalstil in leicht verständliches Deutsch zu übersetzen. Folgende Beispielsätze lassen sich leicht übertragen (aus Liesem und Kränicke 2011, S. 74 f.):

Beispiel 1 für Nominalstil

Was sind die wichtigsten Zielsetzungen, Aufgabenstellungen und Problematiken?

In diesem Beispielsatz braucht der Autor lediglich die bürokratischen Substantivierungen zu streichen. Dann heißt der neue Satz:

Was sind die wichtigsten Ziele, Aufgaben und Probleme?

Beispiel 2 für Nominalstil

Folglich stiegen auch die Hoffn*ungen*, dass die Bewältig*ung* der kommenden Herausforder*ungen*, die Anpass*ung* der Wirtschaftsordn*ung* an die veränderten Rahmenbeding*ungen* des globalen Wettbewerbs, gelingen würde.

Diesen Satz umzuformulieren ist schon ein schwierigeres Unterfangen. Denn er hat zwei Schwachstellen. Zum einen häufen sich die Substantivierungen. Zum anderen besteht der Nebensatz aus 17 Wörtern und verstößt damit gegen die *„Drei Sekunden-Regel"*. Wer diesen Satz sezieren möchte, sollte dies in zwei Schritten tun:

Schritt 1: Überlegen Sie, welche Substantivierungen überflüssig sind.

Das Ergebnis könnte dann so lauten:

Die Wirtschaftsordnung soll den veränderten Rahmenbedingungen des globalen Wettbewerbs angepasst werden.

Das ist die Kernbotschaft – auch wenn sie noch nicht besonders schön formuliert ist. Die Phrase *Bewältigung der kommenden Herausforderungen* kann der Autor getrost streichen. Denn sie transportiert keine wichtige Information, ist bloßer Ballast. Der so entschlackte Satz heißt jetzt:

Folglich stiegen auch die Hoffn*ungen*, dass die Anpass*ung* der Wirtschaftsordn*ung* an die veränderten Rahmenbeding*ungen* des globalen Wettbewerbs gelingen würde.

Aus sechs Substantivierungen sind vier geworden. Immerhin. Trotzdem enthält dieser Satz noch zu viele davon. Hier setzt Schritt 2 an.

Schritt 2: Überlegen Sie weiter, wie Sie die verbliebenen Substantivierungen auflösen können. Oft gelingt dies, indem Sie Substantive wieder zu Verben verwandeln.

In Beispiel 2 ist der Nebensatz sehr umständlich formuliert. Hier ein Vorschlag, wie der Autor ihn umschreiben könnte:

Folglich stiegen auch die Hoffn*ung*en, dass die Wirtschaftsordn*ung* an die veränderten Rahmenbeding*ung*en des globalen Wettbewerbs angepasst würde.

Und wieder konnte der Autor eine Substantivierung über Bord werfen. An diesem Punkt angelangt, sind Kreativität und Fantasie gefragt. Denn jetzt heißt es, den Satz umzuformulieren, ohne die Kernbotschaften aus den Augen zu verlieren.

Schritt 3: Überlegen Sie, wie Sie den Satz „rund feilen" können. Dabei sind Mut und Kreativität gefragt!

Die endgültige Fassung könnte folgendermaßen aussehen:

Damit wuchs auch die Zuversicht, die Wirtschaftsordnung an ein Umfeld anpassen zu können, das sich durch den globalen Wettbewerb massiv verändert hatte.

▶ **Tipp:** Journalisten sind jeden Tag mit dem Bürokratenstil konfrontiert. So kommen Sie ihm auf die Schliche:
- Zählen Sie die Silben! Je mehr Silben ein Begriff hat, desto wahrscheinlicher ist es, dass er aus der Bürokratenwelt stammt.
- Schauen Sie sich die Endungen der Substantive genau an: -heit, -ung, -keit, -ik, -ität, -ion oder -ismus deuten auf Bürokratensprache hin.

Und so sezieren Sie den Nominalstil:
- Verwandeln Sie Substantivierungen in Verben zurück!
- Seien Sie mutig und kreativ. Schreiben Sie Sätze um!
- Lassen Sie die Kernbotschaft(en) nicht aus dem Blick!

1.3.4 Die Sprache der Pressesprecher

Dem Journalisten flattern jeden Tag unzählige Pressetexte auf den Tisch oder in sein E-Mail-Fach. Dauerbrenner in Pressetexten sind Substantive wie *Aktivitäten, Innovationen* und *Flaggschiff* sowie Adjektive wie *maßgeschneidert, hochklassig* und *innovativ*. Wolf Schneider listet 13 solcher Standardbegriffe auf, die er als „bemooste Textbausteine" bezeichnet (Schneider 2010a, S. 90 ff): *Aktivitäten, Herausforderungen, Fokus, Inhalte, Innovation, Kreativität, Palette, Portfolio, Potenzial, Prozess, Segment, Spektrum und Synergie.* Schneider empfiehlt: „Je seltener sie verwendet werden, desto lesbarer, lebendiger und glaubwürdiger wird jeder Text."

Beispiel 1

MINI auf dem Mondial de l'Automobile Paris 2012

Mit dem weiteren Ausbau seines Modellprogramms untermauert der britische Automobilhersteller MINI seine Position als weltweit erfolgreichster und faszinierend *innovativer* Anbieter von Klein- und Kompaktfahrzeugen des Premium-*Segments*. Zugleich präsentiert sich die Marke auf dem Mondial de l'Automobile vom 29. September bis zum 14. Oktober 2012 in Paris als Inbegriff für sportlichen Fahrspaß im *urbanen Verkehrsgeschehen*. […] Mit ihrem siebten Modell stößt die Marke MINI erneut in ein neues Fahrzeug*segment* vor. Der MINI Paceman ist das weltweit erste Sports Activity Coupé im *Premium-Kompaktsegment*, er kombiniert extrovertiertes Design und stilvolle *Individualität* mit einer neuen Ausprägung des markentypischen Gokart-Feelings. […]

Der bei intensiven Tests auf dem Nürburgring zur Bestform gereifte Zweisitzer repräsentiert das vom Motorsport inspirierte Entwicklungsknowhow von John Cooper Works in der bislang konzentriertesten Form. Der in einer *exklusiven* Kleinserie produzierte MINI John Cooper Works GP kommt noch im Laufe des Jahres 2012 auf den Markt. Darüber hinaus umfasst das Angebot der Marke John Cooper Works inzwischen bereits sechs Modelle, mit denen sich *authentisches* Race Feeling im Alltagsverkehr erleben lässt, sowie ein nochmals erweitertes Zubehörprogramm.

Gekürzte Pressemitteilung von BMW vom 20. September 2012.

Beispiel 2

„Nur mit einem *konsistenten* und *attraktiven Instrumentenmix* wird es gelingen, die *enormen Potenziale* im Gebäude*sektor* zu heben", so Lösch. […]

Als besonders ärgerlich bezeichnete Lösch das bisherige Fehlen einer verlässlichen *Investitionskulisse* für Gebäudeeigentümer in Deutschland.

Auszug aus einer Pressemitteilung des Bundesverbandes der deutschen Industrie vom 14. September 2012.

Als Journalist ärgern Sie sich vielleicht über Pressemitteilungen oder Pressestatements voller Floskeln und Worthülsen. Denn oft verschleiern sie die eigentliche Botschaft. Deshalb: Streichen Sie diese „bemoosten Textbausteine" und ersetzen Sie sie durch konkrete Substantive und Adjektive.

1.3.5 Das Passiv

Journalisten kennen das Mantra: „Hände weg vom Passiv!" Viel besser sei es in vielen Fällen, die Aktiv-Form zu verwenden. Warum aber diese Kritik am Passiv? Weil die „Leideform" drei wesentliche Nachteile hat:

1. Das Passiv verschweigt den oder die Verantwortlichen.
2. Passivsätze sind oft länger als Aktivsätze.
3. Das Passiv wirkt häufig förmlich und verlangsamt die Sätze.

Sehen Sie selbst:

Der Aktivsatz: Max und Moritz sägten heimlich eine Lücke in die Brücke.
Der Passivsatz: Heimlich wurde eine Lücke in die Brücke gesägt.

Der Passivsatz lässt den Leser im Unklaren darüber, wer eine Lücke in die Brücke gesägt hat. Der Aktivsatz hingegen informiert den Leser sofort darüber: Max und Moritz waren die Übeltäter. Natürlich kann der Autor auch im Passivsatz die Spitzbuben als Übeltäter benennen. Das klingt dann so:

Heimlich *wurde* von Max und Moritz eine Lücke in die Brücke *gesägt*.

Damit hat der Autor die Verantwortlichen genannt. Jetzt kommt aber der zweite Nachteil des Passivs ins Spiel. Passivsätze sind oft länger und umständlicher als Aktivsätze mit derselben Aussage. Denn Passivkonstruktionen setzen sich immer aus einem Hilfsverb und einem Partizip zusammen (Hilfsverb *wurde*, Partizip *gesägt*).
   Zwischen Hilfsverb und Partizip muss der Autor dann noch mehrere Wörter unterbringen, die zum Verständnis des Textes notwendig sind. Dadurch schieben sich zwischen Hilfsverb und Partizip in vielen Fällen mehr als sechs Wörter. Das wiederum behindert nach der *„Drei Sekunden-Regel"* die gute Verständlichkeit. Im

letzten Beispiel hat der Autor bereits neun Wörter zwischen das Hilfsverb *wurde* und das Partizip *gesägt* geklemmt. Noch größer wird der Abstand zwischen Hilfs- verb und Partizip bei Passivsätzen, die mehr Details liefern.

Beispiel für großen Abstand zwischen Hilfsverb und Partizip
Heimlich wurde von Max und Moritz gestern gegen Mitternacht in der Dunkel- heit eine Lücke in die Brücke gesägt.

Sie sehen: In diesem einfachen Beispiel schieben sich bereits 15 Wörter zwischen das Hilfsverb und das Partizip. Sprachlehrer kritisieren zudem am Passiv, dass es oft steif und förmlich wirke und zudem die Sätze verlangsame. Das Aktiv hingegen sei wesentlich dynamischer und frischer. Vergleichen Sie selbst:

Aktivsatz: Max und Moritz sägten gestern gegen Mitternacht in der Dun- kelheit eine Lücke in die Brücke.
Passivsatz: Heimlich wurde von Max und Moritz gestern gegen Mitternacht in der Dunkelheit eine Lücke in die Brücke gesägt.

Dem Passiv ähnlich sind Konstruktionen mit dem Indefinitpronomen „man". Nominell sind dies zwar Aktivsätze, aber auch sie verschweigen Ross und Reiter. Wie zum Beispiel der Satz: Man sägte heimlich eine Lücke in die Brücke.
    Sie sehen: In vielen Fällen ist das Aktiv die bessere Variante. Es gibt jedoch auch Sätze, in denen es sich geradezu aufdrängt, das Passiv zu verwenden. Dann näm- lich, wenn der Autor allseits bekannt oder unbekannt ist, keine entscheidende Rolle spielt, oder wenn der Schreiber ihn nicht nennen möchte.

Beispiel 1: Der Autor ist allseits bekannt
Der Täter Moritz Bayer ist wegen Diebstahls zu einer Haftstrafe von zwei Jahren verurteilt worden.

In diesem Satz kommt es inhaltlich darauf an, welche Strafe der Täter für welche Tat bekommen hat. Dass ein Gericht die Strafe verhängt hat, sollte jedem Leser klar sein. Welches Gericht genau das Urteil gesprochen hat, ist – in der Regel – eine

Detailinformation, die das Gros der Leser nicht interessiert. Denkbar sind daneben natürlich auch Konstellationen, in denenes für den Leser entscheidend ist, welches Gericht das Urteil gesprochen hat. Dies gilt zum Beispiel für Urteile und Entscheidungen des Bundesgerichtshofs und des Bundesverfassungsgerichts. Oder für den Fall, dass ein bestimmtes Gericht ein aufsehenerregendes oder ungewöhnliches Urteil gefällt hat. Zum Beispiel, weil es eine Strafe für ein bestimmtes Vergehen oder Verbrechen verhängt hat, die dem Außenstehenden als zu hoch erscheint.

Beispiel 2: Der Autor spielt keine entscheidende Rolle

Das Restaurant „Zum Bären" ist vom 1. Mai bis zum 1. November geschlossen.

In diesem Beispielsatz ist es egal, wer das Hotel schließt. Im Zweifel werden es die Wirtsleute sein. Wichtig für (potenzielle) Gäste ist lediglich, dass sie zwischen dem 1. Mai und dem 1. November im Restaurant „Zum Bären" nichts zu essen bekommen.

1.3.6 Die Verben

Sätze, die auf *kräftige* Verben bauen, zeigen: Hier passiert etwas. Gute Journalisten jonglieren deshalb mit Verben. So berichtete das Nachrichtenmagazin „Der Spiegel" folgendermaßen über weibliche Häftlinge, die in der Untersuchungshaft die Bandmitglieder von Pussy Riot ausspionieren wollten:

Beispiel für kräftige Verben

Nassjedka, Glucke, so heißen in Russland jene Häftlinge, die ihre Mitinsassen ausspionieren. Die ihre Opfer so lange bearbeiten, bis sie gestehen, bis sie Geheimnisse verraten oder Mittäter ans Messer liefern. […] Orlowa, die Glucke, umgarnte Samuzewitsch. Sie räumte die zwölf Quadratmeter große Zelle auf, kämmte das Haar der Aktivistin und bereitete für sie in der Kochnische Essen zu, […].
Benjamin Bidder, Matthias Schepp, Der Spiegel 8/2013, S. 96.

Dieses Beispiel zeigt: Die Spiegel-Journalisten beschreiben Handlungen so genau, dass vor dem inneren Auge des Lesers ein Film ablaufen kann. Als Werkzeug setzen sie kräftige Verben ein. Denn Menschen interessieren sich naturgemäß für Veränderungen. Ist die Neugier einmal geweckt, fragen sie sich: Wie geht die Geschichte weiter? Wer eine Handlung oder ein Geschehen vorantreiben möchte, der setzt auf kräftige Verben.

1.3.6.1 Blasse Verben

Neben den kräftigen gibt es auch die blassen Verben. Das sind diejenigen, die lediglich einen Zustand beschreiben. Beispiele für blasse Verben:

- *(vor)liegen,*
- *(be)stehen,*
- *(be)sitzen,*
- *sich handeln um,*
- *sich befinden,*
- *über etwas verfügen.*

Sprachstillehrer rümpfen die Nase, wenn ihnen solche blassen Verben begegnen. Denn diese Verben treiben keine Handlungen voran, sondern beschreiben lediglich den Status quo.

Beispiel für blasse Verben

Ein Schreiben liegt vor.

Aus diesem einfachen Satz geht nur hervor, dass ein Schreiben in der Welt ist. Mehr erfährt der Leser nicht. Wer das Schreiben verfasst hat, welche Auswirkungen das Schreiben auf eine bestimmte Person hat, beantwortet der Satz hingegen nicht. Damit lässt er die Neugier des Lesers unbefriedigt.

1.3.6.2 Falsche Tätigkeitswörter

Einen ähnlich niedrigen Stellenwert wie Zustandsverben haben Verben, die eine Tätigkeit nur vortäuschen, in Wirklichkeit aber verkappte Passivkonstruktionen sind. Beispiele für solche falschen Tätigkeitswörter sind *hervorrufen* und *erfolgen.*

Beispiel für „hervorrufen"

Die Rede des Bürgermeisters rief Buhrufe hervor.

Anstelle dieses Satzes hätte auch folgender Passivsatz stehen können:

Die Rede des Bürgermeisters wurde ausgebuht.

In beiden Varianten erfährt der Leser nicht, wer für die Buhrufe verantwortlich war.

Beispiel für „erfolgen"

Nach der Narkose erfolgte die Operation.

Auch dieser Beispielsatz beschreibt keine Tätigkeit, sondern verbirgt die folgende Passivkonstruktion:

Nach der Narkose wurde operiert.

1.3.6.3 Überflüssige Verben

In einem Atemzug mit Zustandsverben und falschen Tätigkeitswörtern nennen Sprachstilisten noch eine dritte unbeliebte Verbkategorie. Das sind die überflüssigen Verben wie *verursachen*, *bewerkstelligen*, *bewirken* und *durchführen*.

Beispiel für „verursachen"

Der Schlag des Vaters auf den Hinterkopf des Kindes verursachte eine Verletzung.

Dieser Satz klingt so förmlich, als stünde er in einer Krankenakte. Flüssiger wird der Satz, wenn der Autor Handlungen beschreibt. Zum Beispiel so:

Der Vater schlug das Kind auf den Hinterkopf und verletzte es dadurch.

Beispiel für „bewerkstelligen"

Die Möbelfirma bewerkstelligte die Montage des Schrankes erst nach dem zweiten Anruf.

Auch dieser Satz wirkt statisch und förmlich. Er wird deutlich dynamischer, wenn der Autor die Handlungen genau beschreibt:

Die Möbelfirma montierte den Schrank erst, nachdem wir sie zweimal angerufen hatten.

Beispiel für „bewirken"

Die Ermahnung des Lehrers bewirkte eine Verhaltensänderung beim Schüler.

Dieser Satz klingt steif und gestelzt. Leserfreundlich und sympathisch kommt er nicht daher, selbst wenn er einen positiven Inhalt transportiert. Dynamischer hört sich der Satz so an:

> Der Lehrer ermahnte den Schüler. Danach veränderte dieser sein Verhalten.

Beispiel für „durchführen"

Der Arzt führte beim Patienten eine Untersuchung durch.

Der eigene Bedeutungsgehalt des Verbs *durchführen* ist gering. In der Regel dient es als Stütze für das nachfolgende Substantiv. Deshalb kann der Autor den Satz folgendermaßen umformulieren:

> Der Arzt untersuchte den Patienten.

1.3.6.4   Streckverben

Wer einem Text die Dynamik entziehen möchte, sollte es mit sogenannten Streckverben versuchen. Dabei „streckt" der Autor das Verb, indem er ihm ein Substantiv voranstellt. Beispiele dafür sind:

- *auf den Weg bringen,*
- *in Abrede stellen,*
- *in Erwägung ziehen.*

Statt dieser Streckverben sollte der Autor besser einfache Tätigkeitswörter einsetzen wie:

- *vorschlagen,*
- *leugnen/bestreiten,*
- *beginnen/anfangen,*
- *erwägen.*

1.3.6.5   Imponierverben

Viele Pressetexte setzen auf Verben, die einen lateinischen Wortstamm haben und auf *-ieren* enden. Davon gibt es eine ganze Menge. Manager *generieren* zum Beispiel gerne, am liebsten Gewinne oder Umsätze. Dies gelingt ihnen, wenn sie *priorisieren* und *operationalisieren*. Natürlich dürfen sie auch nicht vergessen, Change-Prozesse zu *initiieren* und zu *implementieren*. Stillehrer Wolf Schneider nennt solche Wörter „Imponierverben" (Schneider 2010b, S. 47). Auch die Wissenschaftssprache ist davor nicht gefeit. Dort *kursieren* Verben wie *thematisieren, tabuisieren, stigmatisieren, reflektieren, fokussieren* und *funktionalisieren*. An sich ist gegen diese Verben nichts einzuwenden. Allerdings versteht sie nicht jeder. Wer Latein gelernt hat, ist klar im Vorteil. Lateinkenntnisse kann ein Journalist jedoch nicht voraussetzen, wenn er sich an ein breites Publikum wenden möchte. Deshalb sollte er diese Verben – wenn überhaupt – nur wohldosiert einsetzen.

▶ **Tipp:**
- Markieren Sie Zustandsverben, falsche Tätigkeitswörter, überflüssige Verben, Streck- und Imponierverben im Text!
- Ersetzen Sie diese durch lebendige und starke Verben, die Handlungen beschreiben!

1.3.7   Die Adjektive

1.3.7.1   Pleonasmen
Vom französischen Philosophen Voltaire soll der Satz stammen: „Das Adjektiv ist der Feind des Substantivs." Diese Aussage ist sicher etwas zugespitzt. Trotzdem enthält sie einen wahren Kern. Bevor Sie als Journalist Adjektive verwenden, sollten Sie zweimal hinschauen und sich fragen: Brauche ich dieses Adjektiv wirklich? Sicher haben Sie schon von *alten Greisen, schweren Verwüstungen, runden Kugeln, weißen Schimmeln* und *dünnen Rinnsalen* gelesen. Sind denn nicht alle Greise alt und alle Verwüstungen schwer? Sind denn nicht alle Kugeln rund, alle Schimmel weiß und alle Rinnsale dünn? Doch. Deshalb brauchen Sie es nicht extra zu erwähnen. Das sprachliche Stilmittel, das dahintersteckt, heißt übrigens Pleonasmus, stammt aus dem Griechischen und bedeutet Überfluss. Mit einem Pleonasmus hat es der Autor dann zu tun, wenn bedeutungsgleiche oder -verwandte Ausdrücke in einer Wortgruppe miteinander verbunden werden. Pleonasmen kommen gerne in journalistischen Texten vor. Denken Sie nur an *grausame Bluttaten, schlimme Unglücksfälle* und *hohe Wolkenkratzer*.

1.3.7.2   Überflüssige Adjektive
Daneben gibt es Adjektive, die überflüssig sind. Denn was ist beispielsweise ein *anwaltlicher Berater* anderes als ein *Anwalt*? Was unterscheidet ein *gerichtliches Verfahren* von einem *Gerichtsverfahren*? Die Bürokratensprache verwendet daneben gerne Konstruktionen wie *im schulischen Bereich, im betriebswirtschaftlichen Sektor* oder *auf der wirtschaftspolitischen Ebene*. Das alles klingt sehr steif. Dabei hätten

ein knappes *in der Schule, in der Betriebswirtschaft* und *in der Wirtschaftspolitik* ausgereicht.

1.3.7.3 Falsche Adjektive

Manchmal sind Adjektive auch schlichtweg falsch. Denn ein *dreiköpfiges Familienoberhaupt* hat doch nicht tatsächlich drei Köpfe. Und was soll sich der Leser unter einem *nikotinfreien Zigarettenhändler* vorstellen? Ein Zigarettenhändler, der ausnahmsweise nicht aus Nikotin besteht?

1.3.7.4 Adjektive aus der Bürokratenwelt

Oft finden sich in Texten Adjektive, die zwar richtig sind, aber sehr bürokratisch klingen. So mutet das schlichte Wort *helfen* weniger technisch an als *hilfreich sein*. Wer etwas *kritisch zu hinterfragen* hat, kann es auch einfach *bezweifeln*.

1.3.7.5 Steigern von Adjektiven

In manchen Adjektiven steckt ein Superlativ – ohne dass man ihnen das auf den ersten Blick ansieht. Beispiele dafür sind *optimal, ideal* und *maximal* – besser geht es nicht! Trotzdem legen viele Texte noch eins drauf. So berichtet eine bayerische Lokalzeitung im Winter von *optimalsten* Bedingungen für Skilangläufer. Ein Internet-Nutzer wirft in einem Forum die Frage auf: Welcher Käfig ist für meinen Hamster der *idealste*? Eine Online-Publikation beschreibt die *maximalste* Verwahrlosung des Jahrhunderts. Das alles ist gut gemeint, aber handwerklich falsch. Denn der Superlativ ist bereits das Höchste – mehr geht im Deutschen nicht!

Einfach und klar sollen Texte sein. Wer sich aber trotzdem den Spaß machen möchte, einen einfachen Satz zu verkomplizieren, dem sei folgender „Kleiner Workshop" empfohlen.

Kleiner Workshop
In sechs Schritten zum komplizierten Satz
1. Schritt: Sie nehmen einen ganz normalen Satz.
   Vielen Dank für Ihren Brief. Wir beantworten Ihre Fragen, sobald wir mit Herrn Müller darüber gesprochen haben.
2. Schritt: Sie reichern den Satz mit Substantiven an. Ersetzen Sie einfach alle Verben durch Substantive oder Streckverben. Und vergessen Sie nicht, die Substantive mit der Endung -ung aufzublähen.
   Vielen Dank für Ihren Brief. Wir kommen in Beantwortung Ihrer Fragen auf Sie zurück, sobald wir Rücksprache mit Herrn Müller gehalten haben.

3. Schritt: Sie anonymisieren den Text.
   Vielen Dank für das vorgenannte Schreiben. Die Unterfertigten kommen in Beantwortung der darin aufgeworfenen Fragen auf diese zurück, sobald sie Rücksprache mit dem Mandanten gehalten haben.
4. Schritt: Sie übersetzen alles ins Passiv.
   Für das vorgenannte Schreiben möchten wir uns bedanken. Die Unterfertigten werden in Beantwortung der darin aufgeworfenen Fragen auf diese zurückkommen, sobald unsererseits Rücksprache mit dem Mandanten gehalten werden konnte.
5. Schritt: Sie würzen Ihre Arbeit mit unnötigen Adjektiven und Partizipien.
   Bezugnehmend auf das vorgenannte Schreiben möchten wir uns bedanken. Die Unterfertigten werden in alsbaldiger Beantwortung der darin aufgeworfenen interessanten Fragen umgehend auf diese zurückkommen, sobald unsererseits die unverzichtbare Rücksprache mit dem derzeit abwesenden Mandanten gehalten werden konnte.
6. Schritt: Wiederholen Sie abschließend unbedingt noch einmal Schritt 2.
   Bezugnehmend auf das vorgenannte Schreiben möchten wir unseren Dank aussprechen. Die Unterfertigten werden in alsbaldiger Erledigung der darin aufgeworfenen interessanten Fragen umgehend auf diese Bezug nehmen, sobald unsererseits die unverzichtbare Rücksprache mit dem derzeit auf einer Reise befindlichen Mandanten gehalten werden konnte.
   „Kleiner Workshop" (Rössner und Klaner 1996, S. 6)

Übung

Analysieren Sie folgende Sätze und schreiben Sie diese leserfreundlich um!

1. Die Inverkehrbringung der Maschinen kann erst nach Kenntniserlangung durch die Behörden erfolgen.
2. Ich habe eine Inaugenscheinnahme des Betriebs in Erwägung gezogen.
3. Der Landrat begründete seine Zustimmung zur Deckelung der Ausgaben im Straßenbau mit Investitionen in Hochschulen.
4. Die unzureichenden Leistungen der Studentin führten zur Exmatrikulation an der Hochschule. Derzeit befindet sie sich in einem Prozess des Auslotens und der Umorientierung.
5. Seitens der EU-Kommission ist der Vorschlag unterbreitet worden, einen europäischen Risikorat einzurichten.
6. Wenn das Verfahren abgeschlossen ist, werden Sie benachrichtigt.
7. Es erfolgt eine Umstrukturierung des Unternehmens durch einen Wirtschaftsberater.

8. Die Abnahme der Arbeit kann erst nach der Einarbeitung aller Änderungswünsche erfolgen.
9. Von der Kostenseite her ist das Buch zu preisaufwendig.
10. Wir werden kostenmäßige Reduzierungen auf dem Personalsektor vornehmen müssen.
11. Das Sekretariat setzte mich von der Durchführung der Sitzung in Kenntnis.

Lösungsvorschläge zur Übung:

Zu (1) Dieser Satz stammt aus der Bürokratenwelt. Sie erkennen dies insbesondere an der Substantivierung der beiden Wendungen *in Verkehr bringen* und *Kenntnis erlangen*. Flüssiger und lebendiger klingt der Satz, wenn Sie die Substantive wieder in Verben „zurückverwandeln". Zum Beispiel so:
Die Maschinen können erst in den Verkehr gebracht werden, wenn die Behörden davon Kenntnis erlangt haben.

Zu (2) Auch dieser Satz ist vom Nominalstil dominiert. Die Signalwörter sind hier *Inaugenscheinnahme* und *Erwägung*. Leserfreundlicher wird dieser Satz, wenn der Autor die Substantivierungen wieder in Verben verwandelt.
Ich habe erwogen, den Betrieb zu besichtigen.
Oder:
Ich habe erwogen, den Betrieb in Augenschein zu nehmen.

Zu (3) Auch dieser Satz ist typisch für den Nominalstil. Denn er enthält die Substantivierungen *Zustimmung, Deckelung* und *Investitionen*. Verben klingen leserfreundlicher:
Der Landrat stimmte im Kreistag dafür, beim Straßenbau zu sparen. Dies begründete er damit, in Hochschulen investieren zu wollen.

Zu (4) Der *Prozess des Auslotens und der Umorientierung* ist eine unnötige Substantiv-Konstruktion, die den Inhalt des Satzes zu verschleiern versucht. Besser wäre:
Die Hochschule hat die Studentin exmatrikuliert, weil sie die geforderten Leistungen nicht erbracht hat. Derzeit hat sie keine Ahnung, wie es nun weitergehen soll. Sie wird sich wohl umorientieren müssen.

Zu (5) Dieser Satz formuliert in einer umständlichen Passivkonstruktion das, was der Autor viel einfacher und lebendiger in der Aktivform hätte ausdrücken können:

Die EU-Kommission hat den Vorschlag unterbreitet, einen europäischen Risikorat einzurichten.

Zu (6) Dieser Satz wirkt förmlich, unpersönlich und distanziert, weil er im Passiv formuliert ist. Den Adressaten spricht der Autor besser so an: *Wir werden Sie benachrichtigen, wenn wir das Verfahren abgeschlossen haben.*

Zu (7) Das Wort *erfolgen* ist ein „falsches Tätigkeitswort". Denn es täuscht eine Tätigkeit lediglich vor. In Wirklichkeit verwendet der Autor eine „verkappte Passivkonstruktion". Lebendiger klingt der Satz, wenn der Journalist im Aktivstil formuliert: *Der Wirtschaftsberater strukturiert das Unternehmen um.*

Zu (8) Das „falsche Tätigkeitsverb" *erfolgen* und die Substantivierung *Einarbeitung* lassen diesen Satz sehr förmlich und distanziert wirken. Freundlicher könnte der Autor so formulieren: *Wir können die Arbeit erst abnehmen, wenn alle Änderungswünsche eingearbeitet sind.*

Zu (9) In diesem Satz hat der Autor einen ganz einfachen Sachverhalt verklausuliert nach dem Motto: Warum einfach, wenn es auch kompliziert geht? Das sollte ein Journalist nicht tun. Er sollte verständlich formulieren, was bei dem oben stehenden Satz ganz einfach ist: *Das Buch ist zu teuer.*

Zu (10) Dies ist ein typischer Satz, in dem der Autor versucht, einen unangenehmen Sachverhalt zu verschleiern. Und zwar, indem er den Bürokratenstil verwendet. Denn dieser Satz bedeutet nichts anderes als: *Wir werden bei den Personalkosten sparen müssen.* Oder: *Wir werden Mitarbeiter entlassen müssen.*

Zu (11) Die Substantivierung *Durchführung* und das Streckverb *in Kenntnis setzen* sind typisch für den Nominalstil. Dieser Satz könnte dynamischer und kraftvoller folgendermaßen lauten: *Das Sekretariat teilte mir mit, dass die Sitzung stattfindet.*

1.4   Von Bären, Läusen und Maden – bildhaft schreiben

Da steppt der Bär! Dir ist heute wohl eine Laus über die Leber gelaufen. Du lebst wie die Made im Speck! All diese geläufigen Ausdrücke sind Sprachbilder. Wir können sie uns gut merken. Warum ist das so? Das hat mit unseren beiden Gehirnhälften zu tun, die ganz unterschiedliche Funktionen haben. So ist die linke Gehirnhälfte für das Abstrakte zuständig, also für Zahlen, Daten und Fakten. Sie speichert Wörter in ihrer Bedeutung ab. Die rechte Gehirnhälfte hingegen ist das Zentrum unserer Gefühle und unserer Kreativität. Sie speichert unsere Emotionen, archiviert Bilder, Geräusche, Gerüche und Geschmack. Sie speichert aber auch Sprache emotional ab. Daneben sorgt sie dafür, dass sich in unserem Gehirn aus vielen Details ein Gesamtbild ergibt. Zum Beispiel: Wir sehen einen langen Rüssel, vier Beine und einen Schwanz. Die rechte Gehirnhälfte scannt diese einzelnen Merkmale blitzschnell und sagt uns: Das ist ein Elefant. Diese Leistung vollbringt die rechte Gehirnhälfte jeden Tag, wenn wir mit anderen Menschen zusammentreffen. In Bruchteilen einer Sekunde erkennen wir, wer vor uns steht. Dabei müssen wir nicht alle Einzelheiten durchgehen, sondern wir sehen das einheitliche Gesamtbild.

Das Zusammenwirken von rechter und linker Gehirnhälfte hat auch Folgen für Texte. Bleiben wir beim Elefanten als Beispiel. Die linke Gehirnhälfte speichert: Großes exotisches Tier mit klobigen Beinen, einem langen Rüssel und einem Schwanz. Was die rechte Gehirnhälfte zum Elefanten archiviert hat, ist von Person zu Person unterschiedlich. Bei demjenigen, der Spaß beim Reiten eines Elefanten hatte, wird die rechte Gehirnhälfte vielleicht Glücksgefühle melden. Bei einer anderen Person sind es eher Angstgefühle, die in der rechten Gehirnhälfte verankert sind. An diesem einfachen Beispiel sehen Sie aber auch: Am besten können wir Informationen behalten, wenn beide Gehirnhälften angesprochen werden. Oder anders ausgedrückt: Wir können uns Informationen viel besser einprägen, wenn wir uns ein Bild machen können.

Das ist der Grund, weshalb Sprachbilder so wirkungsvoll sind und lange im Gedächtnis haften bleiben. Sicherlich gibt es Themen, die von sich aus spannend sind und sich deshalb gut einprägen. Hier braucht es Sprachbilder nicht unbedingt. Daneben gibt es aber noch die vielen, vielen Themen, die der Leser als abstrakt, komplex und staubtrocken wahrnimmt. Bei den Themen Steuern, Geldanlage oder Recht können viele Zeitgenossen ihren inneren Widerstand kaum verhehlen. Denn aus Erfahrung wissen sie, dass es in solchen Texten um abstrakte Sachverhalte, komplizierte Begriffe und komplexe Rechnungen geht. Und schon sträubt sich das Gehirn der meisten. Denn Abstraktes können wir uns schlecht merken. Deshalb sind gerade bei abstrakten Themen Sprachbilder so wichtig.

So sagte CSU-Chef Horst Seehofer beim kleinen Parteitag in Nürnberg im März 2012 zur Lage der Parteien in Bayern:

Von einer Wechselstimmung in Bayern sind wir so weit entfernt wie eine Schildkröte vom Stabhochsprung.

Bundesfinanzminister Wolfgang Schäuble antwortete Anfang 2012 auf die Frage, was er zur Kritik der Banken an einer möglichen Finanztransaktionssteuer halte:

Man fragt eine Gans ja auch nicht, was sie von Weihnachten hält.

Und der bayerische Finanzminister Markus Söder forderte im März 2012 das Ausscheiden Griechenlands aus der Euro-Zone mit folgender Begründung:

Irgendwann muss jeder bei Mama ausziehen, und die Griechen sind jetzt so weit.

Zum Papstrücktritt war in der Zeitschrift „Der Spiegel" zu lesen:

Der Papst aus Bayern hat aufgegeben. Als er vergangenen Montag den Amtsverzicht ankündigte, hastig dahin gemurmelt wie ein Rosenkranzgebet, so beiläufig fast, als gäbe er die Schlüssel eines Autoverleihs zurück und nicht den Fischerring Petri [...]. Der Spiegel 8/2013 vom 18. März 2013, S. 83 ff.

Im Jahre 2005 war es dem damaligen SPD-Vorsitzenden Franz Müntefering gelungen, einen eingängigen Begriff zu prägen. Er hatte in einem Interview mit der Zeitung „BILD am SONNTAG" das Verhalten „anonymer Investoren" mit einer Heuschreckenplage verglichen:[7]

Manche Finanzinvestoren verschwenden keinen Gedanken an die Menschen, deren Arbeitsplätze sie vernichten – sie bleiben anonym, haben kein Gesicht, fallen wie Heuschreckenschwärme über Unternehmen her, grasen sie ab und ziehen weiter. Gegen diese Form von Kapitalismus kämpfen wir.

Damit hatte Franz Müntefering die sogenannte Heuschreckendebatte losgetreten. Heuschrecken gelten seitdem im deutschen Sprachgebrauch als eine abwertende Tiermetapher für Private-Equity-Gesellschaften und Hedgefonds.

Diese Beispiele zeigen: Sprachbilder können dazu beitragen, Texte zu abstrakten Themen anschaulich und konkret zu machen. Trotzdem gibt es auch Sprachbilder, von denen der Journalist lieber die Finger lassen sollte. Warum? Weil sie bereits jetzt inflationär verwendet werden. Damit fehlt ihnen jegliche Originalität, um derentwillen sie im Gedächtnis bleiben würden. In Texten von Politikern und Unternehmen kommen sie dennoch häufig vor.

Dort stellen Parteien *die Weichen neu*, weil irgendjemand *grünes Licht gegeben hat*. Trotz der immensen Erfolge in der vergangenen Legislaturperiode will sich

---

[7] Auslöser war ein Interview mit Franz Müntefering, das am 17. April 2005 in der „BILD am SONNTAG" erschienen ist.

niemand auf *den Lorbeeren ausruhen*. Dabei kann sich – streng genommen – niemand auf Lorbeeren ausruhen. Denn die vermeintlichen Lorbeeren sind in Wahrheit die Blätter des Lorbeerbaums, aus denen der Lorbeerkranz geflochten wird. Auf Blättern kann sich der Müde schlecht ausruhen. Deshalb muss es richtig heißen: Auf dem Lorbeer ausruhen. Aber dies nur am Rande.

Am Schalthebel der Macht sei man für die Herausforderungen der Zukunft gerüstet. Der Staat bittet die Bürger zur Kasse. Aber das ist nur die Spitze des Eisbergs. Am Ende des Tunnels warten auch keine Steuererleichterungen. Der Zug für Steuersenkungen ist ein für alle Mal abgefahren. Diese Bilder sind Fertigware. Sie langweilen. Oder, um es wissenschaftlicher auszudrücken: Mit zunehmender Frequenz nimmt die Ausdrucksstärke ab.

In vielen Redaktionen gibt es schwarze Listen mit Sprachbildern, die für die Redakteure tabu sind. Die Journalisten dürfen nicht ins Fettnäpfchen treten, den Geldhahn zudrehen, aus dem Nähkästchen plaudern oder ins Wespennest stechen (zitiert nach Schneider 2010a, S. 87). Auch Journalistenschüler werden in so manchen Redaktionen mit einem Index konfrontiert, in dem unerwünschte Wortbilder aufgeführt sind. So sollen sie keine Nägel mit Köpfen machen, nichts unter den Teppich kehren und auch keinen Zug abfahren lassen. Wenn sie die Gretchenfrage stellen, sind sie weg vom Fenster.

▶ **Tipp:**
  • Hüten Sie sich vor abgegriffenen Sprachbildern!
  • Suchen Sie nach eigenen, originellen Sprachbildern!
  • Setzen Sie Sprachbilder dosiert und überlegt ein!

1.5 Das Hamburger Verständlichkeitsmodell

Wissenschaftler haben sich mit der Frage beschäftigt, ob es objektive Kriterien für verständliche Texte gibt. 1973 haben die Hamburger Psychologen Inghard Langer, Friedemann Schulz von Thun und Reinhard Tausch das *Hamburger Verständlichkeitsmodell* vorgelegt, das sie in einer zehnjährigen Forschungsarbeit entwickelt haben.

Dazu ließen die Psychologen mehrere Hundert Testpersonen (Erwachsene und Schüler) verschiedene Texte lesen. Anschließend mussten diese die Texte nach 18 Qualitätsmerkmalen bewerten. Aus diesen Beurteilungskriterien entwickelten die Psychologen die folgenden vier Verständlichkeitsdimensionen:

- Einfachheit,
- Gliederung/Ordnung,
- Kürze/Prägnanz,
- anregende Zusätze.

Diese vier Kriterien entscheiden den Hamburger Psychologen zufolge über die Verständlichkeit von Texten.

1.5.1   Die Dimension Einfachheit

Was sich hinter der Dimension „Einfachheit" verbirgt, können Sie der folgenden Liste entnehmen:

- einfache Darstellung,
- kurze, allgemein verständliche Sätze,
- geläufige Wörter,
- Fachwörter sind erklärt,
- konkrete und
- anschauliche Sprache.

Im Gegensatz dazu stehen komplizierte Texte. Diese sind von folgenden Merkmalen geprägt:

- komplizierte, nicht leicht nachvollziehbare Darstellung,
- lange, verschachtelte Sätze,
- ungebräuchliche Wörter,
- Fachwörter sind nicht erklärt,
- abstrakte und
- nicht anschauliche Sprache.

Enthält also ein Text lange, verschachtelte Sätze sowie nicht geläufige Wörter, so spricht viel dafür, dass er nicht besonders einfach zu verstehen ist.

1.5.2   Die Dimension Gliederung und Ordnung

Als zweite Dimension, nennen Langer, Schulz von Thun und Tausch „Gliederung und Ordnung". Dabei zeichnen sich gegliederte und geordnete Texte durch folgende Merkmale aus:

- Sie sind folgerichtig.
- Sie sind übersichtlich.
- Sie unterscheiden Wesentliches von Unwesentlichem.
- Sie verfügen über einen erkennbaren roten Faden.
- Sie bringen alles der Reihe nach.

Folglich sind „ungegliederte" und „ungeordnete" Texte an folgenden Kriterien zu erkennen:

- Sie sind nicht folgerichtig.
- Sie sind unübersichtlich.
- Sie unterscheiden nicht Wesentliches von Unwesentlichem.
- Sie verfügen über keinen erkennbaren roten Faden.
- Sie bringen Informationen nicht der Reihe nach.

1.5.3   Die Dimension Kürze und Prägnanz

Für die Hamburger Verständlichkeitsforscher gehören zur „Kürze und Prägnanz" von Texten die folgenden Merkmale:

- Sie sind auf das Wesentliche beschränkt.
- Sie sind gedrängt.
- Sie sind konzentriert.
- Sie sind knapp.
- Jedes Wort ist notwendig.

Im Gegensatz dazu stehen als weitschweifig charakterisierte Texte. Diese lassen sich an folgenden Merkmalen erkennen:

- Sie sind zu lang.
- Sie enthalten viel Unwesentliches.
- Sie formulieren breit.
- Sie sind ausschweifend.
- Sie enthalten viel Verzichtbares.

1.5.4 Die Dimension „anregende Zusätze"

Texte mit „anregenden" Zusätzen sind:

- inspirierend,
- interessant,
- abwechslungsreich,
- persönlich.

Texte ohne anregende Zusätze sind:

- nüchtern,
- farblos,
- gleichbleibend neutral,
- unpersönlich.

Wenn der Autor „anregende Zusätze" verwendet, vermag er bei seinen Lesern Interesse, Anteilnahme und Freude am Lesen hervorzurufen. Das kann auf vielfältige Art und Weise geschehen. Denn „anregende Zusätze" sind zum Beispiel:

- Ausrufe,
- wörtliche Rede,
- rhetorische Fragen zum „Mitdenken",
- lebensnahe Beispiele,
- direkte Ansprache des Lesers,
- Auftretenlassen von Menschen,
- Reizwörter,
- witzige Formulierungen,
- Einbettung der Information in eine Geschichte.

1.5.5 Wertung

Sie werden sich jetzt sicher fragen: Wie muss der optimale Text dem Hamburger Verständlichkeitsmodell zufolge aussehen? Als Antwort hierauf haben die Hamburger Forscher eine Skala (von + + bis − −) entwickelt, anhand derer sie die Verständlichkeit von Texten im Rahmen der genannten Gegensatzpaare bewerten.

Skala nach dem Hamburger Verständlichkeitsmodell

+ +	+	0	–	–

Dabei bedeutet + +, dass die Eigenschaften des zuerst genannten Teils des Gegen-satzpaares deutlich vorhanden sind.

Ist zum Beispiel die Dimension Einfachheit mit + + gekennzeichnet, so bedeutet dies, dass der Text besonders gut zu verstehen ist, weil er aus kurzen, einfachen Sät-zen besteht. Der Autor verwendet geläufige Wörter und erklärt Fachwörter. Außer-dem formuliert er konkret und anschaulich.

Ist ein Text mit einem + versehen, so heißt dies, dass die Eigenschaften von ein-fachen Texten nicht deutlich oder nur teilweise vorhanden sind. Dies könnte etwa bedeuten: Der Text besteht aus kurzen, einfachen Sätzen. Außerdem formuliert der Autor konkret und anschaulich. Er verwendet jedoch nicht immer geläufige Wörter und gebraucht Fachwörter, ohne diese zu erklären.

Wird ein Text mit einer 0 klassifiziert, so bedeutet dies, dass Ausgewogenheit zwischen den Polen Einfachheit und Kompliziertheit besteht. Ein solcher Text könnte beispielsweise sowohl kurze und einfache als auch lange und verschachtelte Sätze enthalten. Geläufige Wörter kommen darin genauso vor wie ungebräuchliche Wörter.

Bewertet der Leser einen Text in der Dimension Einfachheit mit einem –, so sind die Eigenschaften von Einfachheit nicht deutlich oder nur teilweise vorhan-den. Das könnte beispielsweise bedeuten, dass die Sätze des Textes in der Regel verschachtelt sind und die Darstellung kompliziert und abstrakt ist. Die Wörter, die der Autor verwendet, sind jedoch geläufig, und Fachwörter werden erklärt.

Ist ein Text in der Dimension Einfachheit mit – gekennzeichnet, so bedeutet dies, dass die Eigenschaften des zweiten Teils des Gegensatzpaares deutlich über-wiegen. Dann enthält der Text lange, verschachtelte Sätze mit wenig geläufigen Wörtern. Fachwörter sind nicht erklärt, die Darstellung ist kompliziert, abstrakt und nicht anschaulich.

Langer, Schulz von Thun und Tausch zufolge ist ein optimaler Text durch fol-gende Merkmalszusammensetzung gekennzeichnet:

Der optimale Text nach dem Hamburger Verständlichkeitsmodell

Einfachheit	Gliederung/Ordnung
+ +	+ +
Kürze/Prägnanz	Anregende Zusätze
0	0 oder +

Quelle: eigene Darstellung

Ein Text ist somit dann sehr gut verständlich, wenn der Autor kurze, einfache Sätze und geläufige Wörter verwendet. Außerdem müssen Fachwörter erklärt werden. Die Sprache hat konkret und anschaulich zu sein. Wenn all diese Kriterien erfüllt sind, erhält der Text in der Dimension Einfachheit die Wertung + +.

Bei der Dimension Gliederung und Ordnung schneiden diejenigen Texte am besten ab, die gegliedert, folgerichtig und übersichtlich sind. Sie sollten klar zwischen Wesentlichem und Unwesentlichem unterscheiden. Es muss ein roter Faden ersichtlich sein. Außerdem muss aus dem Text eine bestimmte Reihenfolge hervorgehen. Ist all dies erfüllt, erhält der optimale Text in der Dimension Gliederung und Ordnung die Wertung + +.

Bei der Dimension Kürze und Prägnanz schneiden die Texte am besten ab, die mit 0 bewertet werden. Denn bei dieser Dimension ist ein gesundes Mittelmaß die beste Lösung. Auf der einen Seite können zu kurze, zu gedrängte und zu konzentrierte Sätze schwer verständlich sein. Aber auch zu breite Ausführungen, die immer wieder abschweifen, fördern das Verständnis nicht.

Bei der Dimension „anregende Zusätze" kommt es darauf an, wie ausgeprägt die übrigen Merkmale sind. Ist ein Text bereits unübersichtlich und weitschweifig, dann können „anregende Zusätze" leicht Verwirrung stiften. Umgekehrt können „anregende Zusätze" bei übersichtlich gestalteten Texten den Spaß beim Lesen erhöhen. Am verständlichsten sind Texte, die in der Dimension „anregende Zusätze" die Bewertung 0 oder + bekommen.

1.6   Das Karlsruher Verständlichkeitskonzept

Das Karlsruher Verständlichkeitskonzept (Göpferich 2008, S. 296 ff.) präzisiert die Dimensionen des Hamburger Verständlichkeitsmodells. Daneben ergänzt es das Hamburger Modell um die beiden Dimensionen Korrektheit und Perzipierbarkeit. Wie ein gut verständlicher Text nach dem Karlsruher Verständlichkeitskonzept aussehen muss, zeigt die folgende Checkliste (zit. nach Femers 2011, S. 247 f. in Anlehnung an Moss 2008, S. 262 f.; Göpferich 2008, S. 295 f., 302 f.):

Sprachliche Einfachheit:
- Die Wortwahl muss zur Zielgruppe passen, dem Thema und der Textsorte angemessen sein.
- Die Wortwahl sollte präzise und nicht mehrdeutig sein.
- Fachwörter und Abkürzungen sind in der Regel zu erklären oder zu vermeiden.
- Wörter sollen kurz und geläufig sein und einen kurzen einfachen Satz bilden.
- Bei der Verwendung von Synonymen sind die gängigsten den ungeläufigen vorzuziehen.

- Direkte Formulierungen sind zumeist verständlicher als indirekte.
- Zur Vermeidung von Monotonie soll der Satzbau variieren (kurze und längere Sätze im Wechsel).
- Die Syntax ist der Sprachkompetenz der Adressaten und der Textsorte anzupassen.
- Innerhalb eines Textes sind die Lexik und die Syntax konsistent zu halten.

Kognitive Ordnung (Gliederung/Ordnung bzw. Struktur)
- Komplexe Inhalte müssen sich an dem Vorwissen des Rezipienten orientieren.
- Inhalte sind in einer sinnvollen Reihenfolge zu präsentieren.
- Sätze sollen aufeinander bezogen werden und Verweise enthalten.
- Sätze müssen sich korrekt aufeinander beziehen.
- Texte sind inhaltlich und in ihrer äußeren Form zu strukturieren (Absätze, Überschriften und Zwischenüberschriften).
- Wichtiges und weniger Wichtiges sind deutlich voneinander zu trennen. Irrelevantes wird gestrichen.
- Zusammenhänge von Aussagen sind zu verdeutlichen.
- Inhaltliche Sprünge sollten vermieden werden.

Kürze und Prägnanz
- Inhalt und Informationsziel (Funktion) bestimmen die Textlänge.
- Ein Text soll weder Lücken noch unnötige Details aufweisen.
- Füllwörter, Floskeln und Tautologien sind zu vermeiden.
- Jedes einzelne Wort ist auf seine Notwendigkeit hin zu prüfen.
- Kurze Formulierungen sind langen vorzuziehen, wenn sie für den Text die gleiche Relevanz haben.

Anregende Zusätze
- Ein Text soll das der Textsorte zugehörige Interesse treffen und über den Textverlauf hinweg halten können.
- Interesse und Aufmerksamkeit sind mittels sprachlicher Mittel aktiv zu wecken.
- Exemplifizierung und Illustrierung von Sachverhalten durch Beispiele, durchaus auch aus der Erfahrungswelt des Rezipienten, können die Motivation stützen.
- Eine einbeziehende „Wir"-Perspektive ist Passivkonstruktionen zumeist vorzuziehen.
- Persönliche Leseransprache kann zur Motivation eingesetzt werden.
- Zitate, Personalisierungen und rhetorische Stilmittel können hilfreich sein, sofern sie auch der Einfachheit und Prägnanz dienen.
- Der Einsatz von Gestaltungsmitteln ist genreabhängig bzw. muss zur Textsorte passen.

Korrektheit
- Texte sollen keine inhaltlichen, sprachlichen oder formalen Fehler enthalten.
- Ein Text muss widerspruchsfrei sein.
- Konventionsverstöße sind zu vermeiden (z. B. gegen werberechtliche oder redaktionelle Richtlinien).
- Das Vermittlungsmedium des Textes muss korrekt gewählt sein.

Perzipierbarkeit
- Die Textgestaltung sollte die leichte Wahrnehmbarkeit der Inhalte gewährleisten.
- Inhaltliche Strukturen sind nonverbal zu stützen (Hervorhebungen, Absätze, Überschriften, Aufzählungen, Schriftgrößen, Schrifttypen und Abbildungen).

Literatur

Femers, S. (2011). *Textwissen für die Wirtschaftskommunikation*. Stuttgart: UTB.
Göpferich, S. (2008). *Textproduktion im Zeitalter der Globalisierung: Entwicklung einer Didaktik des Wissenstransfers* (3. Aufl.). Tübingen: Stauffenburg Verlag.
Moss, C. (2008). *Deutsch für Manager*. Frankfurt a. M.: Frankfurter Allgemeine Buch.
Popper, K. (1984). *Auf der Suche nach einer besseren Welt*. München: Piper.
Rössner, M., & Klaner, A. (1996). Verständlich formulieren, prägnant ausdrücken. *Anwaltsreport*, Heft 3/1999, 6.
Schneider, W. (2007). *Deutsch fürs Leben* (17. Aufl.). Hamburg: Rowohlt.
Schneider, W. (2008). *Deutsch für Kenner* (4. Aufl.). München: Piper.
Schneider, W. (2009). *WÖRTER machen LEUTE: Magie und Macht der Sprache* (15. Aufl.). München: Piper.
Schneider, W. (2010a). *Speak German* (2. Aufl.). Hamburg: Rowohlt.
Schneider, W. (2010b). *Deutsch für Profis* (16. Aufl.). München: Piper.

Weiterführende Literatur

Baumert, A. (2011). *Professionell texten – Grundlagen, Tipps und Techniken* (3. Aufl.). München: Deutscher Taschenbuchverlag.
Gerhardt, R., & Leyendecker, H. (2005). *Lesebuch für Schreiber: Vom richtigen Umgang mit der Sprache und von der Kunst des Zeitungslesens*. Frankfurt a. M.: Fischer.
Langer, I., Schulz, von Thun F., & Tausch, R. (2011). *Sich verständlich ausdrücken* (9. Aufl.). München: Reinhardt.
Liesem, K., & Franke, D. (2009). Sprache muss gefallen und überzeugen. *die bank*, *12*, 68–72.
Liesem, K., & Franke, D. (2010). Schöner schreiben. *Pressesprecher*, *04/2010*, 26–28.
Liesem, K., & Kränicke, J. (2011). *Professionelles Texten für die PR-Arbeit*. Wiesbaden: VS Verlag.

Moss, C. (Hrsg.). (2009). *Die Sprache der Wirtschaft*. Wiesbaden: VS Verlag.
Pörksen, U. (2011). *Plastikwörter* (7. Aufl.). Stuttgart: Klett-Cotta.
Schneider, W. (2010c). *Deutsch für junge Profis*. Berlin: Rowohlt.
Schneider, W., & Raue, H.-P. (2012). *Das neue Handbuch des Journalismus und Online-Journalismus*. Hamburg: rororo.
Sick, B. (2008). *Der Dativ ist dem Genitiv sein Tod, Bde 1–3*. Köln: Kiepenheuer und Witsch.

Die journalistischen Darstellungsformen

2

Zusammenfassung

Das zweite Kapitel stellt die einzelnen journalistischen Darstellungsformen mit ihren Eigenschaften und Besonderheiten vor. Außerdem setzt es sich mit den Aufgaben und Zielen von tatsachenbetonenden, erzählenden und meinungsbetonten Textsorten auseinander. Anhand von Beispielen lernen die Leser Aufbau, Struktur und Sprache der verschiedenen journalistischen Darstellungsformen kennen.

Schlüsselwörter

Nachricht · Zeitungs- und Agenturmeldung · Zeitschriftenmeldung · Zeitungs- und Agenturbericht · Zeitschriftenbericht · Reportage · Feature · Porträt · Interview · Kommentar · Glosse · Kritik

2.1 News is what's different – die Nachricht

„When a dog bites a man, that's not news, but when a man bites a dog, that's news." Wenn ein Hund einen Menschen beißt, ist das keine Nachricht, aber wenn ein Mann einen Hund beißt, ist das eine Nachricht. Dieses Zitat aus dem Jahre 1880 wird John B. Bogart zugeschrieben, einem damaligen Lokalredakteur der amerikanischen Zeitung „The New York Sun". Mittlerweile ist dieser Satz als „Man-bites-dog-Formel" bekannt. Diese „Formel" macht anschaulich, was unter einer Nachricht zu verstehen ist: Eine Nachricht ist das Nichtalltägliche. Dass Hunde Menschen beißen, kommt relativ oft vor. Dass der Mann einen Hund beißt, ist nicht so alltäglich. Gerade deshalb ist es eine Nachricht. „News is what's different", sagen die Amerikaner.

K. Liesem, *Professionelles Schreiben für den Journalismus,*
DOI 10.1007/978-3-531-19008-2_2, © Springer Fachmedien Wiesbaden 2015

2.1.1 Aktuell, neu, interessant und von persönlichem Belang – die Nachrichtendefinition der BBC

Welche Merkmale charakterisieren darüber hinaus eine Nachricht? Zu dieser Frage gibt es weder in der Literatur noch in der Praxis ein einheitliches Meinungsbild. In der journalistischen Ausbildung bewährt hat es sich jedoch, die Nachrichtendefinition der British Broadcasting Corporation (BBC) aus dem Jahre 1976 als „Arbeitsgrundlage" heranzuziehen (zit. nach Arnold 1982, S. 28).

Nachrichtendefinition der BBC:

„Nachrichten sind *neue* sowie wahrheitsgemäß und sorgfältig wiedergegebene Informationen, die

* *aktuelle* Ereignisse aus der ganzen Welt zum Gegenstand haben.
* anderen wahrheitsgemäß und sorgfältig erarbeiteten Hintergrundinformationen gegenüber gestellt werden [...].
* auf faire Weise von ausgebildeten Journalisten ausgewählt werden und dies ohne künstliches Ausbalancieren und ohne persönliche Motivation oder redaktionelle Einfärbung.
* in eine Nachrichtensendung aufgenommen werden, weil sie *interessant* sind oder in den Augen der erwähnten Journalisten für die Zuhörer von *persönlichem Belang* sind.
* ohne Furcht objektiv gestaltet werden mit Blick auf die Programmgrundsätze der BBC bezüglich guten Geschmacks und journalistischer Grundsätze."

Diese Definition enthält neben presseethischen Vorgaben vier Elemente, die laut BBC eine Nachricht ausmachen. Eine Nachricht muss:

* aktuell,
* neu,
* interessant und
* von persönlichem Belang sein.[1]

---

[1] Natürlich ist die Nachrichtendefinition der BBC nicht die Einzige. Weder in der Literatur noch in der Praxis herrscht ein Konsens über die Merkmale, die eine Nachricht enthalten muss. So verweist etwa Weischenberg in seinem Buch „Nachrichten-Journalismus" auf die beiden zentralen Nachrichtenfaktoren *Bedeutung* und *Publikumsinteresse* (Weischenberg 2001, S. 26). Während bei „harten Nachrichten" der Nachrichtenfaktor „Bedeutung" im Vordergrund stehe, dominiere bei „weichen Nachrichten" das Publikumsinteresse. Für die

Was aber unterscheidet das Kriterium „neu" von dem Merkmal „aktuell"? Kann eine Information interessant sein, aber nicht von persönlichem Belang? Um diese Fragen zu beantworten, werden im Folgenden die einzelnen Kriterien genauer untersucht.

2.1.1.1   Kriterium „aktuell"

Vor der Auswahl einer Nachricht muss sich der Journalist fragen: Ist die Information aktuell? Was ist aktuell? Aktuell sind Ereignisse, die

- vor Kurzem passiert sind,
- gerade passieren,
- eine unmittelbare Bedeutung für die Gegenwart haben oder
- gerade erst bekannt geworden sind.

So ist ein Einbruch aktuell, der am selben Tag oder am vorangegangenen Tag stattgefunden hat. Nicht mehr aktuell ist er, wenn er schon vier Wochen zurückliegt. Aber auch vergangene Ereignisse können Aktualität haben oder gewinnen. Und zwar immer dann, wenn sie einen Bezug zur Gegenwart haben. So können auch vergangene Einbrüche wieder aktuell werden, wenn sich Einbrüche in der Gegend häufen und die Kriminalisten von einer Serie ausgehen. Ereignisse können aktuell sein, wenn sie gerade erst bekannt geworden sind wie zum Beispiel der Tod einer bekannten Persönlichkeit, von dem die Redaktion erst einige Wochen nach deren Ableben erfahren hat.

2.1.1.2   Kriterium „neu"

Was gibt es Neues? Das ist eine journalistische Standardfrage – egal, ob in Lokalredaktionen oder überregionalen Nachrichtenmagazinen. Denn eine Information kann es nur dann zur Nachricht schaffen, wenn sie neu ist. Wenn der Oppositionspolitiker also pauschal die Unfähigkeit der Bundeskanzlerin anprangert, aber keine neue Begründungen für seine Ansicht anführt, dann ist das nichts Neues. Das ist sein politisches Tagesgeschäft. Der Journalist wird es in der Regel nicht aufgreifen. Denn es gehört ja quasi zur Stellenbeschreibung eines Oppositionspolitikers, dass er mit der Arbeit der Bundeskanzlerin in der Regel nicht einverstanden ist.

Bedeutung einer Information sind Weischenberg zufolge das *Ausmaß* und die *Konsequenzen* eines Ereignisses entscheidend. Ob eine Information das *Publikumsinteresse* treffe, sei von einer Reihe von Merkmalen abhängig wie *geografische und psychologische Nähe, Bekanntheitsgrad einbezogener Personen, Aktualität* und *Human Interest*. Raue und Schneider (1998, S. 54) bezeichnen die Kriterien *neu, wichtig* oder *interessant* als Elemente, die eine Nachricht ausmachen.

Was aber ist neu? Eine pauschale Antwort auf diese Frage gibt es nicht. Denn es kommt auf das Medium an. Für Tageszeitungen ist all das Schnee von gestern, was mehr als einen Tag zurückliegt. Eine Tageszeitung wird eine Information von vorgestern in der Regel nicht mehr ins Blatt heben. Bei stündlichen Nachrichtensendungen im Radio oder im Fernsehen ist der Neuigkeitswert noch schneller verbrannt. Dort kann eine Information schon im Laufe eines Tages ihren Neuigkeitsgehalt verlieren. Mehr Zeit lassen sich Wochen- und Monatsmagazine. Sie können über Ereignisse berichten, die seit ihrem letzten Erscheinen passiert sind. Wie häufig ein Medium publiziert, entscheidet also darüber, ob eine Nachricht neu ist und wann sie veraltet. Eine wichtige Rolle spielt daneben auch die Art des Mediums. Es gibt nämlich durchaus Informationen, die zwar einem Fachpublikum bekannt sind, für die breite Öffentlichkeit jedoch neu sind.

Nach dem Skiunfall des ehemaligen thüringischen Ministerpräsidenten Dieter Althaus Anfang 2009 gab es Studien darüber, wie Skihelme zur Sicherheit beitragen können. Diese Informationen waren für die meisten Leser von Regionalzeitungen neu. Für das Fachpublikum waren diese Studien möglicherweise schon ein alter Hut.

Natürlich werden die Mitarbeiter in Presse- und Öffentlichkeitsabteilungen alles daran setzen, dem Journalisten „alten Wein in neuen Schläuchen" zu verkaufen. Manchmal finden sie dafür aktuelle Anknüpfungspunkte und geben damit einem alten Thema einen neuen „Dreh". In solchen Fällen zeigt sich, wie gut sich der Journalist mit der Materie auskennt. Ein gut informierter Redakteur wird den Braten wahrscheinlich riechen und die Information ungehört verhallen lassen. Dazu ist jedoch unbedingt Sachkompetenz erforderlich. Weil dies so ist, wird schon Journalistenschülern eingebläut:

> Kriterien wie Aktualität und Neuigkeit sind nur mit großem Wissen zu beurteilen. Wer die öffentliche Diskussion nicht verfolgt, kann nicht beurteilen, ob eine Information zu dieser Diskussion gehört. Wer keine Nachrichten verfolgt, kann nicht beurteilen, was neu ist.
> Wolff 2011, S. 16

2.1.1.3 Kriterium „interessant"

Was interessant ist, hängt stark von der Zielgruppe und dem Medium ab. Die Erhöhung des Kindergeldes interessiert besonders Familien, Singles wohl eher weniger. Der neue Skihelm interessiert den Skifahrer. Dem passionierten Surfer ist er wahrscheinlich egal. Der Leser der „Neuen Juristischen Wochenschrift" (NJW) brennt nicht darauf, Details aus dem Leben von Prinzessin Catherine (Kate) zu erfahren. „BUNTE"-Leser erwarten solche Informationen. Für Leser der NJW könnte aber interessant sein, ob Nacktfotos der schwangeren Herzogin deren Persönlichkeitsrechte verletzen.

Interessant ist also, was für die Zielgruppe wichtig ist. Wichtig für die Leser von Qualitätsmedien sind in der Regel die Bundespolitik, die internationale Politik und die Wirtschaft. Interessant sind auch Prominente oder Persönlichkeiten, die ein wichtiges Amt bekleiden. Denn ihre Entscheidungen haben oft unmittelbare Folgen für jeden einzelnen Bürger. Deshalb berichten die Medien auch wesentlich öfter über die Kanzlerin Angela Merkel als über Bernd Siebenlist aus Sandbach.

Nicht unterschätzen sollte der Journalist die emotionalen Aspekte einer Nachricht. Menschen werden zu Nachrichten, wenn sie mit ihrem Handeln Aufsehen erregen oder wenn sie prominent sind. Davon leben Boulevard-Medien wie die „BILD"-Zeitung oder Fernsehsendungen wie das „Dschungelcamp". Weischenberg schreibt in seinem Buch „Nachrichten-Journalismus": *„Human interest ist für die Auswahl von Nachrichten bei den meisten Menschen von besonderer Bedeutung."* (Weischenberg 2001, S. 31). Dieser Nachrichtenfaktor lasse sich jedoch nicht leicht definieren, weil unterschiedliche Aspekte mit hineinspielten. Als solche nennt er:

- Kuriosität/Ungewöhnliches,
- Kampf/Konflikt,
- Humor/Spaß,
- Romantik,
- Spannung/Ungewissheit,
- Sympathie,
- Alter,
- Liebe/Sex,
- Wissenschaft/Fortschritt,
- Abenteuer/Risiko,
- Tragödie,
- Tiere.

2.1.1.4   Kriterium „von persönlichem Belang"

Als viertes und letztes Kriterium nennt die Definition der BBC das Merkmal „von persönlichem Belang". Von persönlichem Belang sind Informationen, die für eine bestimmte Person oder Zielgruppe aus persönlichen Gründen besonders im Fokus stehen. Stellen Sie sich vor, Ihre beste Freundin ist an Multipler Sklerose erkrankt. Dann werden Sie sich auf alle Artikel stürzen, die über neue Medikamente berichten. Stellen Sie sich vor, Sie erwarten ein Kind. Dann wird es Sie brennend interessieren, ob das Elterngeld erhöht wird. Von persönlichem Belang sind Informationen, die für den Leser einen unmittelbaren Nutzen haben. Dazu gehören für die meisten Menschen folgende Themen: Geldanlage, Gesundheit, Studium, Ernährung, Reise, Bauen und Körperpflege.

Ein Geschehen kann überdies von persönlichem Belang sein, wenn es am eigenen Ort oder in der eigenen Stadt stattfindet. Ein Wohnungseinbruch in Köln interessiert die Menschen in Köln und Umgebung. Für Berliner ist der Einbruch nicht
von persönlichem Belang. Denn Köln ist weit entfernt.

▶   **Tipp:** Als Journalist sollten Sie zunächst in die Haut Ihrer Leser schlüp-
      fen und sich fragen: Was ist für mein Publikum aktuell, neu, interessant
      und von persönlichem Belang?

2.1.2 Die Nachricht – eine Einordnung

Welche Kriterien eine Nachricht zu erfüllen hat, darüber gibt es in der journalistischen Literatur und Praxis unterschiedliche Auffassungen. Genauso uneinheitlich
ist das Bild, wenn es um die Verortung der Nachricht geht. Teilweise wird die Nachricht als eigene journalistische Darstellungsform klassifiziert. Demnach ist sie der
Oberbegriff für Meldungen und – in der Regel – kürzere Berichte (vgl. Schneider
und Raue 1998, S. 54). Für andere Autoren ist die Nachricht keine eigene journalistische Textsorte. Vielmehr ist sie der Inhalt all derjenigen journalistischen Darstellungsformen, bei denen es auf professionelle Informationen ankommt (vgl. Wolff
2011, S. 23). Das ist vor allem bei tatsachenbetonenden Textsorten der Fall. Dieser
Ansicht folgt die Autorin, um Begriffswirrwarr und inhaltliche Überschneidungen
zu vermeiden.

2.2 Die Zeitungs- und Agenturmeldung – das Schwarzbrot des Journalisten

Die Meldung ist das Schwarzbrot des Journalisten. Sie gehört zu den *tatsachenbetonenden* Textsorten. In der Meldung berichtet der Journalist *objektiv, neutral,
wahrheitsgemäß* und *sorgfältig* über Tatsachen, Daten und Zahlen, deren Quelle
er kennt, als vertrauenswürdig einstuft und auch nennt. Eigene Bewertungen und
Einschätzungen sowie subjektive Empfindungen des Journalisten haben in der
Meldung nichts zu suchen. Die Meldung erfüllt somit die Aufgabe der Medien,
die Leser objektiv zu informieren. Meldungen von Agenturen wie zum Beispiel der
„Deutschen Presseagentur" (dpa) sind in der Regel kurz. Meist sind sie zwischen
zehn und 25 Zeilen lang. Auch Meldungen in der Tageszeitung sind in der Regel
nicht viel ausführlicher. Die Meldung ist also die kürzeste journalistische Textsorte,
und sie ist die komprimierteste Form journalistischer Darstellung. In ihr steckt in

der Regel als Inhalt ausschließlich die Nachricht, manchmal ergänzt um ein Zitat. Die Meldung ist also die *Form*, die Nachricht der *Inhalt*.

Oft beginnt eine journalistische Hospitanz in einer Lokalredaktion damit, dass der Praktikant Polizeimeldungen verfasst. Dabei greift er auf Pressemitteilungen der Polizei zurück.

Hier ein Beispiel für eine Polizeimeldung aus der Aschaffenburger Regionalzeitung „ Main-Echo". Ob diese von einem Praktikanten stammt, ist nicht überliefert.

Beispiel

Wildschwein tot und 1500 Euro Schaden
LOHR. Eine Wildsau ist am Dienstagfrüh auf der Bundesstraße 26 zwischen Lohr und Rechtenbach überfahren und dabei getötet worden. Der Schaden an dem unfallbeteiligten Personenwagen wird auf 1500 Euro geschätzt, teilte die Polizei Lohr mit. *red*
Main-Echo vom 28. Februar 2013, S. 21.

2.2.1 Der Küchenzuruf – die Kernbotschaft der Meldung

Journalisten bekommen oft Pressemitteilungen auf den Tisch, aus denen sie Meldungen machen möchten. Oft sind diese Mitteilungen gespickt mit Informationen – wichtigen und unwichtigen. Aufgabe des Journalisten ist es, aus diesem Wust die Informationen herauszufiltern, die für den Leser wirklich wichtig sind. Bei diesem Unterfangen hilft der sogenannte *Küchenzuruf*. Diesen Begriff hat Henri Nannen geprägt, der ehemalige Chefredakteur der Zeitschrift „stern". Dahinter verbirgt sich folgende Geschichte (zit. nach Fasel 2008, S. 11):

Was ist der Küchenzuruf? Wenn am Donnerstag der Hans mit seiner Frau Grete am Arm zum Kiosk pilgert, dort 2 Mark 50 hinlegt und den neuen stern käuflich erwirbt und sie beide dann mit dem stern unter dem Arm wieder gemütlich nach Hause wandern; und Grete sich dann in die Küche verfügt, sich die Schürze umbindet, um sich für den Abwasch vorzubereiten; und der Hans nebenan im Esszimmer Platz nimmt, den neuen stern aufschlägt und mit der Lektüre beginnt; und wenn der Hans dann nach beendigter Lektüre diese Geschichte voller Empörung seiner Frau Grete durch die geöffnete Küchentür zuruft: „Mensch, Grete, die in Bonn spinnen komplett! Die wollen schon wieder die Steuern erhöhen!" – dann sind die beiden knappen Sätze: „Mensch, Grete, die in Bonn spinnen komplett! Die wollen schon wieder die Steuern erhöhen!" der sogenannte Küchenzuruf des journalistischen Textes.

Sie sehen: Der Küchenzuruf ist nichts anderes als die *Kernbotschaft* des gesamten Textes. Er enthält das Wichtigste, also die Information, die der Leser sofort erfahren muss. Der Küchenzuruf ist kurz und verständlich formuliert. Denn Grete muss trotz ihrer Hauptbeschäftigung in der Küche die Kernbotschaft verstehen. Das gelingt ihr aber nur, wenn Hans nicht allzu kompliziert formuliert. Deshalb ist der Küchenzuruf in der Regel nach dem Schema: Subjekt – Prädikat – Objekt aufgebaut. Wir können davon ausgehen, dass Hans' Artikel viel länger war und viel mehr Informationen enthielt. Aber die beiden Sätze: „Mensch, Grete, die in Bonn spinnen komplett! Die wollen schon wieder die Steuern erhöhen!" enthalten die Kernbotschaft. Alle weiteren Informationen des Artikels sind dem Küchenzuruf untergeordnet und arbeiten ihm zu.

2.2.2 Die W-Fragen – der Aufbau der Meldung

Wie ist eine Meldung aufgebaut? Anders als bei anderen Textsorten gibt es bei der Meldung ein Grundgerüst, an dem sich der Journalist orientieren kann. Zeitungs- und Agenturmeldungen folgen im Grunde demselben Aufbau. Als tatsachenbetonende Textsorte muss das Ziel der Meldung sein, den Leser über Tatsachen zu informieren. Klassisch sind deshalb die sieben W-Fragen, die der Journalist in seiner Funktion als Stellvertreter des Lesers beantworten sollte.

Die sieben W-Fragen:
- Wer ist beteiligt?
- Was ist geschehen?
- Wann ist etwas geschehen?
- Wo hat sich das Geschehen ereignet?
- Wie ist etwas geschehen?
- Warum ist es geschehen?
- Woher stammt die Information, wer ist die Quelle?

In welcher Reihenfolge soll der Autor diese Fragen beantworten? Darauf gibt es keine pauschale Antwort. Denn im Nachrichtenjournalismus gilt das Prinzip der *„umgekehrten Pyramide".* Das bedeutet, dass die wichtigsten Informationen an den Anfang gehören. Je unwichtiger eine Information ist, desto weiter hinten sollte sie sich im Text finden. Welche Information am Wichtigsten ist, ist von Meldung zu Meldung unterschiedlich. Erfahrungsgemäß sind es oft die Antworten auf die Fragen nach dem *Wer* und dem *Was*. Bei der Suche nach der wichtigsten Information des Textes kommt nun wieder der *Küchenzuruf* ins Spiel. Dieser besteht aus ein bis drei Sätzen – je nachdem, wie lang und komplex die Geschichte ist. Er enthält die zentrale Botschaft des Artikels und ist kurz und verständlich formuliert. Der Küchenzuruf gehört in den ersten Satz.

Beispiel für Kernbotschaft

Unbekannte Täter haben in der Nacht zum Sonntag gegen 1.30 Uhr ein Fernsehgerät aus einer Wohnung im Aschaffenburger Stadtteil Damm entwendet.

Damit weiß der Leser das Wichtigste. Der Journalist hat bereits im ersten Satz folgende Fragen beantwortet:

• Wer hat etwas gemacht? (unbekannte Täter)
• Was ist geschehen? (Fernsehgerät entwendet)
• Wann? (in der Nacht zum Sonntag gegen 1.30 Uhr)
• Wo? (im Aschaffenburger Stadtteil Damm)

Diesen ersten Satz nennt die amerikanische Nachrichtenpraxis *Lead*. Unter Journalisten hat es sich eingebürgert, dass dieses *Lead* im Präsens oder Perfekt steht. Zum Futur greift der Autor, wenn ein Ereignis erst in der Zukunft geschehen wird. Das Präsens wird dann verwendet, wenn das Ereignis zum Zeitpunkt des Lesens noch im Fluss ist.

Beispiel für Lead im Präsens

Das Oktoberfest besucht in diesem Jahr sogar eine Wirtschaftsdelegation aus Timbuktu.

Das *Lead* steht im Perfekt, wenn das Geschehen abgeschlossen ist, jedoch noch einen Bezug zur Gegenwart hat.

Beispiel für Lead im Perfekt

Unbekannte Täter haben in der Nacht zum Sonntag gegen 1.30 Uhr ein Fernsehgerät aus einer Wohnung im Aschaffenburger Stadtteil Damm entwendet.

Das Futur kommt zum Einsatz, wenn ein Geschehen erst in der Zukunft eintreten wird.

Beispiel für Lead im Futur

Im kommenden September wird eine Delegation aus Südkorea das Oktoberfest besuchen.

Im zweiten Satz verwendet der Autor in der Regel das erzählende Präteritum bzw. das Plusquamperfekt. Denn in diesem sogenannten *Detailsatz* teilt der Journalist dem Leser zum einen seine Quelle mit; zum anderen berichtet er die Einzelheiten des Geschehens. Er beantwortet also die Fragen nach dem *Wie* und dem *Woher*.

Beispiel für Detailsatz

Wie die Polizei mitteilte, hatten die Täter die Wohnungstür mit einem Hackebeil aufgebrochen.

Im dritten Satz folgen Hinweise zu Zusammenhängen, zur Vorgeschichte und/oder eine Analyse des Geschehens. Der Journalist beantwortet die Fragen: *Warum? Wie ist das einzuordnen?* Journalisten nennen diesen Satz *Hintergrundsatz*. Verfasst ist er oft im erzählenden Präteritum.

Beispiel für Hintergrundsatz im erzählenden Präteritum

Das war der fünfte Einbruch im Aschaffenburger Stadtteil Damm innerhalb eines Monats.

Zum Plusquamperfekt greift der Autor dann, wenn es um Ereignisse oder Begebenheiten geht, die zeitlich vor dem Geschehen liegen, über das der Autor berichtet.

Beispiel für Hintergrundsatz im Plusquamperfekt/erzählenden Präteritum

Obwohl die Polizei die Anwohner der Müllerstraße im Aschaffenburger Stadtteil Damm erst vor wenigen Tagen vor Wohnungseinbrüchen gewarnt hatte, konnten sich die Einbrecher unbemerkt Zutritt zur Wohnung verschaffen.

Auch das Futur kann im Hintergrundsatz zum Einsatz kommen. Und zwar dann, wenn ein Geschehen erst für die Zukunft geplant ist.

Beispiel für Hintergrundsatz im Futur

In den nächsten Tagen wird die Aschaffenburger Polizei ihre Streifenfahrten im Stadtteil Damm verstärken.

Drei Sätze können für eine einfache Agentur- oder Zeitungsmeldung bereits ausreichen. Hinzu kommt eine Überschrift, die das Geschehen knapp zusammenfasst. Und so könnte die Meldung lauten:

Einbruch im Aschaffenburger Stadtteil Damm
ASCHAFFENBURG. Unbekannte Täter haben in der Nacht zum Sonntag gegen 1.30 Uhr ein Fernsehgerät aus einer Wohnung im Aschaffenburger Stadtteil Damm entwendet. Wie die Polizei berichtete, hatten die Täter die Wohnungstür mit einem Hackebeil aufgebrochen. Das war bereits der fünfte Wohnungseinbruch im Aschaffenburger Stadtteil Damm innerhalb eines Monats.

Meldungen enden mit einem „offenen" Ausstieg – wie Journalisten sagen. Das heißt: Der Autor muss sich nicht darum bemühen, die Geschichte „rund" zu machen, indem er zum Beispiel den Anfangsgedanken noch einmal aufgreift und ihn zu Ende führt oder auf ein Zitat vom Anfang Bezug nimmt. Dieser „offene" Ausstieg ist typisch für Zeitungs- und Agenturmeldungen.

Die *Drei-Satz-Meldung* ist die kürzeste Form der Meldung. Dabei muss sich der Autor nicht sklavisch daran halten, genau drei Sätze zu schreiben. Manchmal ist es aus stilistischen Gründen sogar besser, einen langen Satz in zwei kürzere aufzuspalten. Auf die genaue Anzahl der Sätze kommt es nicht an. Wichtig beim Aufbau einer Meldung ist nur, dass der Journalist mit *Lead*, *Detailsatz* und *Hintergrundsatz* drei *Sinneinheiten* produziert. Ob eine Sinneinheit dabei aus einem, zwei oder sogar drei Sätzen besteht, ist eher zweitrangig.

Aufbau einer Drei-Satz-Meldung
Einstieg über Lead
- Lead: Das Wichtigste (Küchenzuruf),
- Zeit: Präsens, Perfekt oder Futur.
Detailsatz: Einzelheiten
- Zeit: in der Regel erzählendes Präteritum bzw. Plusquamperfekt.
Hintergrundsatz: Zusammenhänge, Vorgeschichte, Analyse des Geschehens
- Zeit: erzählendes Präteritum, Plusquamperfekt oder Futur.
Ausstieg: offen.
Ziel: Informationsvermittlung.

Ist das beschriebene Ereignis oder der Sachverhalt komplexer, so kann der Journalist die Meldung um zwei Sätze bzw. Sinneinheiten erweitern. Journalisten nennen den vierten Satz den *Zukunftssatz*. Darin geht der Autor auf die Konsequenzen des Ereignisses ein. Außerdem beantwortet er die Frage, wie sich das Geschehen weiterentwickeln wird. Der Zukunftssatz steht in der Regel im Futur, teils aber auch im Präsens.

Beispiel für Zukunftssatz

Um die Einbruchsserie zu stoppen, wird die Polizei eine Sonderermittlungsgruppe einsetzen.

Der fünfte Satz heißt in der Journalistensprache *Zukunftsdetailsatz*. Er beschreibt Einzelheiten der zukünftigen Entwicklung und ist in der Regel im Futur formuliert.

Beispiel für Zukunftsdetailsatz

Dieser Gruppe wird auch ein Profiler des Landeskriminalamtes Bayern angehören.

Die komplette *Fünf-Satz-Meldung* liest sich dann so:

Einbruch im Aschaffenburger Stadtteil Damm
ASCHAFFENBURG. Unbekannte Täter haben in der Nacht zum Sonntag gegen 1.30 Uhr ein Fernsehgerät aus einer Wohnung im Aschaffenburger Stadtteil Damm entwendet. Wie die Polizei berichtete, hatten die Täter die Wohnungstür mit einem Hackebeil aufgebrochen. Das war bereits der fünfte Wohnungseinbruch im Aschaffenburger Stadtteil Damm innerhalb eines Monats. Um die Einbruchsserie zu stoppen, wird die Polizei eine Sonderermittlungsgruppe einsetzen. Dieser Gruppe wird auch ein Profiler des Landeskriminalamtes Bayern angehören.

Aufbau Fünf-Satz-Meldung

Einstieg über Lead
- Lead: Das Wichtigste (Küchenzuruf),
- Zeit: Präsens, Perfekt oder Futur.

Detailsatz: Einzelheiten
- Zeit: in der Regel erzählendes Präteritum.

Hintergrundsatz: Zusammenhänge, Vorgeschichte, Analyse des Geschehens
- Zeit: erzählendes Präteritum oder Plusquamperfekt.

Zukunftssatz: Konsequenzen des Ereignisses, weitere Entwicklung
- Zeit: Futur, teils Präsens.

Zukunftsdetailsatz: Einzelheiten der weiteren Entwicklung
- Zeit: Futur.

Ausstieg: offen.

Ziel: Informationsvermittlung.

Manche Meldungen enthalten darüber hinaus ein Zitat. Ein solches setzen Journalisten in der Regel ein, um eine Tatsache zu belegen und die Quelle zu nennen. Mit dem richtigen Zitat können Autoren dem Inhalt einer Nachricht noch mehr Authentizität verleihen. Dabei hat der Journalist die Wahl zwischen dem direkten und dem indirekten Zitat. Beim direkten Zitat protokolliert er das Gesagte wortwörtlich und schreibt dies in direkter Rede mit Anführungszeichen nieder. In unserem Beispiel könnte ein solch direktes Zitat vom Aschaffenburger Polizeipräsidenten stammen und folgendermaßen lauten:

„In meiner Amtszeit wird Aschaffenburg sicherer werden. An diesem Versprechen können die Bürgerinnen und Bürger mich messen", sagt der Aschaffenburger Polizeipräsident XY.

Das ist die persönliche Meinung des Polizeipräsidenten. Sie ist anschaulich und lebendig. Deshalb bietet es sich an, diese wortwörtlich zu zitieren. Das Zitat trägt dazu bei, dass die Meldung beim Leser authentisch und glaubwürdig ankommt. Wörtlich zitieren sollte der Journalist neben persönlichen Meinungen auch Schlüsselaussagen, Argumente und Begründungen. Daneben eignen sich auch besonders griffige und bildhafte Aussagen für wörtliche Zitate.

Beispiel für direktes Zitat

„Wer den Sumpf trockenlegen will, darf die Frösche nicht fragen", sagt Wilhelm Busch.

Eine andere Möglichkeit, eine fremde Stimme in den eigenen Text zu integrieren, ist die indirekte Rede. Dabei setzt der Journalist eine Aussage in den Konjunktiv I. Sind jedoch die Verbformen des Konjunktivs I mit denen des Indikativs identisch, weicht der Journalist auf den Konjunktiv II aus.

Beispiele für die Verwendung von Konjunktiv I

- Die Polizei kündigte an, dass der Einbrecher gefasst *werde*.
- Der Angeklagte sagte, er *wisse* es nicht.

Beispiele für die Verwendung von Konjunktiv II

- Die Polizei kündigte an, dass die Einbrecher gefasst *würden*.
- Die Angeklagten sagten, sie *wüssten* es nicht.

Indirekte Zitate bieten sich dann besonders an, wenn die Quelle etwas nicht wortwörtlich, sondern nur sinngemäß gesagt hat. Der Autor gibt dies in indirekter Rede wieder.

Beispiel für indirektes Zitat

Der Aschaffenburger Polizeipräsident XY versprach, dass Aschaffenburg während seiner Amtszeit sicherer werde.

Da die Meldung die kürzeste journalistische Darstellungsform ist, liegt es auf der Hand, dass der Journalist Zitate nur sehr dosiert einsetzen kann.

Übung zum Aufbau einer Meldung

Analysieren Sie folgende Polizeimeldung:
Hund überfahren und 1000 Euro Schaden
KARLSTEIN-GROSSWELZHEIM. Bei einem Unfall am Dienstag um kurz nach 19 Uhr ist auf der B 8 ein Hund getötet worden. Laut Polizei war der Mischling seinem Halter auf dem Feldweg in der Nähe des Hundeplatzes weggelaufen. Auf der B 8 kam es dann zur Kollision mit einem Fiat, der in Richtung Hanau fuhr. Das Tier überlebte den Zusammenstoß nicht. Der Schaden am Auto wird auf 1000 Euro geschätzt. red
Main-Echo vom 28. Februar 2013, S. 21

Lösung

Erster Satz: *Bei einem Unfall am Dienstag um kurz nach 19 Uhr ist auf der B 8 ein Hund getötet worden.*

Der erste Satz ist das *Lead*. Es ist im Perfekt verfasst. Es enthält die Kernbotschaft. Im vorliegenden Beispiel beantwortet der erste Satz folgende W-Fragen:

Wer/was hat etwas gemacht?	Fahrzeug
Was ist geschehen?	Hund getötet
Wo?	auf der B 8 in Karlstein-Großwelzheim
Wann?	Dienstag kurz nach 19 Uhr

Dass ein Fahrzeug den Hund getötet hat, steht nicht ausdrücklich in der Meldung. Allerdings legen dies die Umstände (Unfall/B 8) nahe. Beim Ort nennt die Meldung lediglich die Bundesstraße. Allerdings steht in der Spitzmarke Karlstein-Großwelzheim, so dass der Leser über den Ort informiert ist.

Zweiter Satz: *Laut Polizei war der Mischling seinem Halter auf dem Feldweg in der Nähe des Hundeplatzes weggelaufen.*

Der zweite Satz, der *Detailsatz*, benennt die Details des Geschehens. Er beantwortet die Fragen nach dem *Wie* und dem *Woher* (Quelle). Der Detailsatz ist im Plusquamperfekt formuliert, weil er ein Ereignis schildert, das sich vor dem eigentlichen Unfall zugetragen hat.

Wie konnte der Unfall passieren?	Mischling war seinem Halter auf dem Feldweg in der Nähe des Hundeplatzes weggelaufen.
Woher stammt die Information?	von der Polizei

Dritter Satz:
Auf der B 8 kam es dann zur Kollision mit einem Fiat, der in Richtung Hanau fuhr.

Auch der dritte Satz ist ein *Detailsatz*. Er bildet zusammen mit dem zweiten Satz eine Sinneinheit. Satz drei gibt eine weitere Antwort auf die Fragen nach dem *Wie*.

Wie konnte der Unfall passieren?	Kollision mit einem Fiat

Vierter Satz:
Der vierte Satz ist überflüssig. Denn der Leser weiß bereits aus dem Lead, dass der Hund tot ist.

Fünfter Satz:
Der fünfte Satz enthält eine Konkretisierung der Frage: *Was ist geschehen?*
Der Schaden am Auto wird auf 1000 Euro geschätzt.
Diese Information hätte – streng genommen – bereits ins Lead gehört. Die Meldung in der obigen Übung bringt diese Information erst im letzten Satz und damit sehr spät. Dies ist im vorliegenden Fall jedoch vertretbar, da sich der Schaden in Grenzen hielt. Anders wäre es sicherlich, wenn die Kollision des Fiats mit dem Hund eine Massenkarambolage mit einem Schaden von 50.000 Euro nach sich gezogen hätte.

Wie Sie sehen, fehlt in dieser Meldung aus der Regionalzeitung der Hintergrundsatz. Die Fragen *„Wie ist das einzuordnen?"* beantwortet der Journalist nicht. Das ist bei dem vorliegenden Sachverhalt jedoch auch schwierig. Denn welcher Journalist macht sich für eine kleine Meldung schon die Mühe herauszufinden, wie viele Hunde auf der B 8 bei Karlstein-Großwelzheim schon überfahren worden sind?

2.2.3 Die Sprache der Meldung

Die Meldung ist eine *tatsachenbetonende* Darstellungsform. Sie transportiert Nachrichten, und das sachlich, nüchtern und objektiv. Eigene Anschauungen, Meinungen und Ansichten des Journalisten dürfen in der Meldung nicht vorkommen. Diesem Ziel der Meldung muss sich auch die Sprache unterordnen. Sie kommt deshalb unprätentiös, sachlich und nüchtern daher. Dabei ist sie aber äußerst präzise. Sie enthält keine subjektiven Einfärbungen. Der Journalist kann mit seinem Standardrepertoire an Verben auskommen. Besonders ausdrucksstarke und originelle Tätigkeitswörter braucht er in der Regel nicht. Auch Adjektive spielen in einer einfachen Meldung keine große Rolle. Mehr noch als bei anderen journalistischen Darstellungsformen muss der Journalist bei der Meldung Wert auf Verständlichkeit legen. Deshalb muss die Meldung sprachlich einfach sein, sowohl in der Wortwahl als auch im Satzbau. Außerdem muss sie so kurz und prägnant wie möglich formuliert sein. Anregende Zusätze im Sinne des *Hamburger Verständlichkeitsmodells* erscheinen, wenn überhaupt, in der Meldung nur wohl dosiert in Form eines direkten oder indirekten Zitates.

Checkliste Zeitungs- und Agenturmeldung
Sprache:
- sachlich und nüchtern,
- objektiv und präzise.

Wortwahl:
- geläufige Wörter,
- möglichst Verzicht auf Fremdwörter,
- Abkürzungen erklären,
- Verben: Standard,
- Adjektive: selten.

Zitate:
- meist ganze Sätze als direkte oder indirekte Zitate,
- aussagekräftig,
- dosierter Einsatz.

Satzbau:
- kurze, einfache Sätze,
- Schachtelsätze vermeiden.

2.3   Die Zeitschriftenmeldung – die etwas andere Meldung

2.3.1   Der Aufbau der Zeitschriftenmeldung

Zeitschriftenmeldungen sind anders. Sie unterscheiden sich in der Regel in Aufbau, Struktur und Präsentation von Agentur- und Zeitungsmeldungen. Dabei sticht ein Punkt sofort ins Auge: Während Zeitungs- und Agenturmeldungen meist schlicht und ohne grafische Elemente daherkommen, sind Meldungen in Magazinen oft mit Bildern, Grafiken oder Tabellen garniert.

Zeitschriftenmeldungen verfolgen einen anderen Zweck als Zeitungs- oder Agenturmeldungen. Der Grund dafür liegt in der Publikationsweise von Magazinen: Sie erscheinen in der Regel einmal pro Woche oder einmal im Monat. Das ist zu selten, als dass sie Brandaktuelles transportieren könnten. Wenn Magazine wie „Der Spiegel" oder „FOCUS" montags erscheinen, sind viele Nachrichten schon längst im Internet oder in einer Tageszeitung publiziert. Deshalb hat das Magazin nur in seltenen Fällen die Chance, den Leser mit einer wirklichen Nachricht zu überraschen. Es muss somit ein anderes Ziel verfolgen; nämlich eine Information, die schon „in der Welt ist", auf neue Weise zu beleuchten. Zum Beispiel, indem der Journalist eine andere Perspektive einnimmt, eine bestimmte Person heranzoomt oder die Nachricht aus einem anderen Blickwinkel unter die Lupe nimmt. Die Magazinmeldung muss den Leser über einen besonderen „Dreh" gewinnen. Während bei der Zeitungs- und Agenturmeldung die Weitergabe der Nachricht oberste Priorität hat, stehen bei der Magazinmeldung eine ansprechende Präsentation sowie der Unterhaltungsfaktor im Vordergrund.

Um dieses Ziel zu erreichen, setzen Journalisten oft narrative Elemente ein. Sie erzählen eine Geschichte. Der Journalist nutzt den Anfang der Meldung, um den Leser für seine Story zu gewinnen. Das tut er, indem er eine ungewöhnliche oder bis dato noch nicht gehörte These aufstellt. Danach erzählt er seine Geschichte. Zum Beispiel, indem er Hintergründe beleuchtet, bisher unbekannte Personen zu Wort kommen lässt oder ungewöhnliche Zusammenhänge herstellt. Um den Text lebendig und authentisch zu gestalten, greifen erfahrene Autoren regelmäßig auf Zitate zurück. Dabei setzen sie ganze Sätze in die direkte und/oder indirekte Rede.

Anders als die Zeitungs- oder Agenturmeldung endet die Magazinmeldung meist „geschlossen". Das bedeutet, dass der Journalist versucht, eine in sich geschlossene Geschichte zu erzählen.

Hier drei Beispiele für typische Zeitschriftenmeldungen:

Beispiel 1: Zeitschriftenmeldungen

NSU

Falsche DNA am Wattestäbchen

Bei der Aufklärung der Taten des Nationalsozialistischen Untergrunds (NSU) setzte die Polizei womöglich erneut verunreinigte Wattestäbchen ein. Die Fahnder fanden in dem ausgebrannten Wohnmobil in Eisenach, in dem Uwe Böhnhardt und Uwe Mundlos am 4. November 2011 durch Kopfschüsse starben, ein Paar graue Socken. Daran stellten sie ein „Mischspurenprofil" sicher, das von „mindestens zwei Personen" stammte, heißt es in einem Gutachten des Bundeskriminalamtes. Die Spuren gehen auf Beate Zschäpe zurück und auf einen unbekannten Mann, „P46". Ein Abgleich mit der DNA-Analyse-Datei führte die Beamten zu Kriminalfällen, die für den NSU untypisch gewesen wären, darunter ein Autodiebstahl in Berlin. Das BKA nimmt das als ein weiteres Indiz dafür, dass die DNA von „P46" möglicherweise bei der Herstellung oder Verwendung an die Wattestäbchen kam. Der Verdacht ist nicht neu. Nach dem Mord des NSU an der Polizistin Michele Kiesewetter fand die Polizei am Tatort die DNA einer Unbekannten. Sie jagte das „Phantom" zwei Jahre – bis sich herausstellte, dass die Frau beim Hersteller der Polizei-Wattestäbchen arbeitete.

Der Spiegel 8/2013 vom 18. Februar 2013, S. 16.

In diesem Beispiel stellt der Autor im ersten Satz eine ungewöhnliche These auf: Bei der Aufklärung der Taten der NSU setzte die Polizei womöglich verunreinigte

Wattestäbchen ein. Dann nimmt der Journalist eine neue Perspektive ein und stellt einen unerwarteten Zusammenhang her. Er erzählt die Geschichte der Wattestäbchen und verknüpft diese mit den Taten des „Nationalsozialistischen Untergrunds". Dies ist eine ungewöhnliche Herangehensweise und reizt den Leser gerade deshalb zum Weiterlesen. Mit dem ersten Satz macht der Autor den Leser neugierig. Immer wieder fügt der Journalist ungewöhnliche Begriffe aus dem Gutachten des Bundeskriminalamtes als wörtliche Zitate in die Meldung ein, wie zum Beispiel „Mischspurenprofil" und „P46". Damit verleiht er den betreffenden Sätzen Authentizität, die auf den gesamten Text abstrahlt. Der Leser gewinnt durch diese eingestreuten Zitate den Eindruck, die Geschichte habe sich genau so zugetragen, wie sie der Autor erzählt. Im letzten Satz löst der Autor die Geschichte mit einer Pointe auf, indem er das Wattestäbchen vom Anfang wieder aufgreift. So macht er die Geschichte „rund" – wie Journalisten sagen. Nach dem bewährten Motto: Anfang und Ende reichen sich die Hände.

Beispiel 2: Zeitschriftenmeldungen

Herzlose Justiz?

Ein 61-jähriger Kurde, der wegen seiner schlechten Deutschkenntnisse kein neues Herz bekommen sollte, hat schwere Vorwürfe gegen die deutsche Justiz erhoben. „Die Gerichte haben mich über Jahre wie einen Menschen dritter Klasse behandelt", sagte Hassan Rashow Hussain dem FOCUS. Die behandelnden Ärzte am renommierten Herzzentrum Bad Oeynhausen weigerten sich im April 2010, den Patienten auf die Warteliste für ein Spenderherz zu setzen. Dagegen sprächen die „gravierenden Verständigungsprobleme".

Der Hartz-IV-Empfänger, 2000 aus dem Irak geflohen, wollte auf Schmerzensgeld klagen. Er scheiterte aber in mehreren Instanzen an einem Antrag auf Prozesskostenhilfe. „Das hätte ich in meinen schlimmsten Träumen vom deutschen Rechtsstaat nicht erwartet." Erst in der vorigen Woche hatte der neunfache Vater mit einer Verfassungsbeschwerde Erfolg. Anwalt Cahit Tolan: „Endlich können wir den Schmerzensgeldprozess führen." Hussain steht seit dem Frühjahr 2011 an der Uniklinik Münster auf der Warteliste für eine Transplantation. sms

FOCUS Nr. 10/13 vom 4. März 2013, S. 18.

Auch dieser Text ist – mit Ausnahme des letzten Satzes – typisch für eine Zeitschriftenmeldung. Der Autor erzählt die Geschichte eines menschlichen Schicksals. Der erste Satz verfolgt das Ziel, den Leser zu ködern. Dazu stellt der Autor eine These auf, die für den Leser ungewöhnlich klingen muss. Ein kranker Kurde bekommt in einem deutschen Krankenhaus kein Spenderherz, weil er schlecht Deutsch spricht. Im Verlauf der Meldung erzählt der Journalist die Geschichte des Mannes, streut direkte Zitate ein („gravierende Verständigungsprobleme") und lässt sowohl den Patienten als auch seinen Anwalt zu Wort kommen (Hussain: „Die Gerichte haben mich über Jahre wie einen Patienten dritter Klasse behandelt"; Hussain: „Das hätte ich in meinen schlimmsten Träumen vom deutschen Rechtsstaat nicht erwartet"; Anwalt Tolan: „Endlich können wir den Schmerzensgeldprozess führen"). Der Autor steigt mit dem Zitat des Anwalts Tolan aus der Geschichte aus. Damit hat der Journalist seine Geschichte zu Ende erzählt. Der letzte Satz mit dem Hinweis darauf, dass Hussain seit 2011 auf der Warteliste der Uniklinik Münster steht, passt nicht in die Story. Er wirkt deplatziert und verloren.

Beispiel 3: Zeitschriftenmeldungen

Geerbtes Trauma

Forscher weisen nach, dass Kriegszeugen seelische Wunden an ihre Kinder weitergeben. Die Wissenschaftler, die ihre Studie diese Woche auf einem Psychosomatik-Kongress in Heidelberg vorstellen, untersuchten 75 Zeitzeugen des Hamburger Feuersturms von 1943 sowie 76 von deren Kindern.

44 Zeugen nannten das Bombardement (35.500 Tote) das belastendste Ereignis ihres Lebens. Die im Durchschnitt 47 Jahre alten Kinder neigten stärker zur Depressivität. Auf einer Depressivitätsskala erreichten fünf Prozent einen „auffälligen Wert", fünfmal mehr als in der Normalbevölkerung. Die „transgenerationale Weitergabe" geschieht laut Studienleiter Philipp von Issendorff, einem Hamburger Psychosomatik-Experten, nonverbal. „Die Kinder holen schon früh das Trauma der Eltern in ihrer Fantasie nach." kmm

FOCUS Nr. 10/13 vom 4. März 2013, S. 20.

Dieser Text erzählt – ebenso wie seine beiden Vorgänger – eine Geschichte. Der erste Satz enthält dabei eine These, die für das Publikum ungewöhnlich, wenn nicht sogar unglaubwürdig, klingen muss: Kriegszeugen geben ihre seelischen Wunden an ihre Kinder weiter. Um seine These zu stützen, hätte der Journalist eine personalisierte Geschichte erzählen können. Also zum Beispiel das Leiden eines Kriegskindes, dessen Mutter den Hamburger Feuersturm erlebt und überlebt hat. Diese Geschichte hätte er mit Zitaten des Kriegskindes, seiner Mutter und Psychosomatik-Experten belegen können. Das tut der Autor jedoch nicht. Er nimmt nicht die Perspektive des Betroffenen ein, sondern die der Wissenschaftler, die die Studie durchgeführt haben. Deshalb stützt er sich auf Zahlen, Daten und Fakten. Er zitiert aus der Studie und lässt den Studienleiter in direkter Rede zu Wort kommen. So gelingt es ihm, eine Geschichte zu erzählen, die authentisch klingt.

Diese drei Beispiele zeigen, dass Magazinmeldungen keinem ebenso strengen Aufbauschema folgen wie Zeitungs- und Agenturmeldungen. Wer die oben stehenden drei Beispielsmeldungen analysiert, kann trotzdem ein Grundgerüst erkennen.

Dieses leitet sich vor allem vom Ziel der Magazinmeldung ab. Sie soll den Leser informieren und unterhalten.

Grundgerüst Magazinmeldung
Einstieg über eine These (Quintessenz der Aussage)
These:
- ungewöhnlich oder bis dato unbekannt,
- teilweise personalisiert.
Zeit: Präsens oder Perfekt.
Geschichte:
- stringent und nachvollziehbar erzählt,
- einem roten Faden folgend,
- mit Zahlen, Daten und Fakten angereichert,
- direkte und indirekte Zitate (ganze Sätze und/oder einzelne Wörter).
Zeit: erzählendes Präteritum.
Ausstieg:
- geschlossen („Anfang und Ende geben sich die Hände"),
- teilweise mit Zitat.
Zeit: oft Präsens oder Perfekt.
Ziel: Informationsvermittlung und Unterhaltung.

2.3.2   Die Sprache der Zeitschriftenmeldung

Auch die Zeitschriftenmeldung ist eine *tatsachenbetonende Darstellungsform*. In ihr hat die direkte Äußerung von Meinungen und Anschauungen des Autors nichts zu suchen. Dennoch schimmert durch Magazinmeldungen mehr Subjektivität als durch Zeitungs- oder Agenturmeldungen. Allein schon die Auswahl der Perspektive, des Protagonisten und der Zitate lassen Raum für die subjektive Sichtweise des Autors. Auch die Sprache ist nicht mehr ganz so nüchtern wie die der Zeitungsmeldung. Denn der Autor will seinen Leser mit der Magazinmeldung nicht nur informieren, sondern auch unterhalten. Dazu verwendet er eine lebendige und anschauliche Sprache mit Sprachbildern und kraftvolle Verben. Die Sätze sind – im Vergleich zur Zeitungsmeldung – in der Regel länger. Das bedeutet jedoch nicht, dass hier verschraubte Schachtelsätze an der Tagesordnung wären. Im Gegenteil: Auch in Zeitschriftenmeldungen würden sie den Lesefluss stören. Ein Journalist, der sein Handwerk versteht, vermeidet sie deshalb.

Checkliste Magazinmeldung
Sprache:
- objektiv,
- lebendig und anschaulich.

Wortwahl:
- geläufige Wörter,
- möglichst Verzicht auf Fremdwörter,
- Abkürzungen erklären,
- Verben: kraftvoll,
- Adjektive: dosierter Einsatz.

Zitate:
- häufig,
- direkte und indirekte Zitate (ganze Sätze und ausgewählte Wörter).

Satzbau:
- kurze, leicht verständliche Sätze,
- nicht allzu komplizierter Satzbau,
- Schachtelsätze vermeiden.

2.4   Der Zeitungs- und Agenturbericht

Zu Anfang dieses Abschnitts eine gute Nachricht: Wer den Aufbau, die Struktur und den Inhalt von Zeitungs- und Agenturmeldungen verstanden hat, wird sich leicht damit tun, einen Bericht zu verfassen. Denn der Bericht wird in der einschlägigen Literatur als „große Schwester" (Wolff 2011, S. 69) oder „engster Verwandter" (Fasel 2008, S. 42) der Meldung bezeichnet. Die Verwandtschaft manifestiert sich zunächst in der Funktion des Zeitungs- und Agenturberichts. Der Bericht gehört wie die Meldung zu den *tatsachenbetonenden* journalistischen Darstellungsformen. Genauso wie seine „kleine Schwester" transportiert er eine Nachricht. Das Ziel dabei ist, den Leser so objektiv und neutral wie möglich zu informieren. Der augenfällige Unterschied zur Nachricht ist die Länge. Zeitungs- und Agenturberichte sind in der Regel zwischen 25 und 100 Zeilen lang. Sie eignen sich somit für komplexere Sachverhalte als diejenigen, die in einer Meldung behandelt werden können. Somit bietet der Bericht dem Journalisten mehr Raum für Zitate. Diese Chance sollte er nutzen, denn Zitate – besonders die direkten – verleihen dem Text Glaubwürdigkeit und Authentizität.

2.4.1 Der Aufbau des Zeitungs- und Agenturberichts

Beim Aufbau des Berichts kann sich der Autor an der Struktur der Meldung orientieren. Allerdings hat er mehr Raum zur Verfügung. Somit kann er das *Lead* in einem ganzen Absatz ausführen. Im nächsten Absatz kümmert er sich um die Details, dann um die Hintergründe und so weiter. Genauso wie bei der Meldung orientiert sich der Journalist auch beim Bericht an der Struktur der *umgekehrten Pyramide*. Er berichtet somit zunächst das Wichtigste. Der Küchenzuruf gehört in den ersten Absatz, den *Leadabsatz*. Im nächsten Absatz, dem *Detailabsatz*, folgen dann Einzelheiten. Im dritten Absatz widmet sich der Bericht den Hintergründen, Zusammenhängen und der Vorgeschichte. Der Autor analysiert das Geschehen. Zum Schluss kann er sich – sollte er genug Stoff haben – der Zukunft zuwenden sowie den Einzelheiten der weiteren Entwicklung. Dabei sollte der Autor, wo es passt, immer wieder Zitate einstreuen – direkte und/oder indirekte. Auch beim Magazinbericht steht der *erste Satz* in der Regel entweder im Präsens oder im Perfekt – je nachdem, ob er einen Vergangenheits- oder einen Gegenwartsbezug hat. Bei Ereignissen, die in der Zukunft liegen, greift der Autor zum Futur. Danach schwenkt er in das erzählende Präteritum oder das Plusquamperfekt ein.

Aufbau Agentur- und Zeitungsbericht
Einstieg über Leadabsatz

Leadabsatz:	Das Wichtigste (Küchenzuruf).
Zeit:	Erster Satz im Präsens oder Perfekt, teilweise auch im Futur. Ab zweitem Satz erzählendes Präteritum oder Plusquamperfekt.
Detailabsatz:	Einzelheiten.
Zeit:	Erzählendes Präteritum oder Plusquamperfekt.
Hintergrundabsatz:	Zusammenhänge, Vorgeschichte, Analyse des Geschehens.
Zeit:	Erzählendes Präteritum oder Plusquamperfekt, teilweise auch Futur.
Zukunftsabsatz:	Konsequenzen des Ereignisses, weitere Entwicklung.
Zeit:	Futur, teils Präsens.
Zukunftsdetailabsatz:	Einzelheiten der weiteren Entwicklung.
Zeit:	Futur.
Ausstieg:	offen.
Ziel:	Informationsvermittlung.

Hier nun zwei Beispiele für Berichte:

Beispiel 1: Agenturbericht

Auch Elektriker und Lokführer sollen zuwandern können
Arbeitsmarkt: Kabinett beschließt Regelung für Facharbeiter

LEADABSATZ:
BERLIN. Krankenschwestern, Altenpfleger, Lokomotivführer, Klimatechniker oder Heizungsmonteure aus Ländern außerhalb der EU sollen künftig in Deutschland arbeiten dürfen. Dies soll den Engpass an Facharbeitern mildern helfen. Eine entsprechende Regelung billigte das Bundeskabinett. Sie soll am 1. Juli in Kraft treten. Der Verordnung muss allerdings noch der Bundesrat zustimmen.

DETAILABSATZ:
Nach den Akademikern wird damit dem sogenannten beruflichen Mittelbau der Weg nach Deutschland geebnet. Voraussetzung für den Zugang ist, dass Interessenten eine Berufsausbildung mit Abschluss vorweisen können – für Bereiche, in denen inländische Fachkräfte nachweislich fehlen. Das Bundesarbeitsministerium sieht in der Neuregelung „eine weitere breite Brücke für qualifizierte Arbeitskräftezuwanderung aus aller Welt".

HINTERGRUNDABSATZ:
Regierungssprecher Steffen Seibert sprach von einem „weiteren Fortschritt" bei dem Versuch, der Wirtschaft bei der Belebung des Fachkräftemangels zu helfen. Priorität habe nach wie vor die Förderung des inländischen Arbeitskräftepotenzials. „Aber es wird nicht ohne gezielte Zuwanderung qualifizierter Fachkräfte gehen."

ZUKUNFTSABSATZ:
Für Arbeitsministerin Ursula von der Leyen (CDU) ist die Neuregelung *„ein wichtiger Baustein, wenn es darum geht, den Wohlstand in Deutschland langfristig zu sichern".* Diesem Ziel diene auch die bereits eingeführte „Blaue Karte" für hochqualifizierte ausländische Akademiker.
　　Im *„Mittelbau des Arbeitsmarktes"* fehlen nach den Worten der Ministerin Fachkräfte wie Krankenpfleger, Elektriker und Lokführer. *„Bisher war für sie die Tür fest verschlossen. Mit der neuen Verordnung schmeißen wir 40 Prozent der alten Paragrafen über Bord und öffnen das Tor weit für gesuchte Fachkräfte, die das Land weiterbringen können."*
　　dpa in Main-Echo vom 28. Februar 2013, S. 4.

Der *Leadabsatz* enthält die wichtigste Information in leicht verständlicher Sprache (sog. Küchenzuruf). Der zweite Absatz ist der *Detailabsatz*. Er enthält Einzelheiten zur geplanten Verordnung und schließt mit einem Zitat des Bundesarbeitsministeriums ab. Im *Hintergrundabsatz* stellt der Autor die Zusammenhänge zwischen inländischen Arbeitskräften und dem Bedarf an ausländischen Fachkräften her. Um dies zu untermauern, lässt er in den Text direkte Zitate des Regierungssprechers Steffen Seibert einfließen. Der *Zukunftsabsatz* zeigt die Konsequenzen der neuen Verordnung auf. Dabei verwendet der Autor zwei direkte Zitate der Bundesarbeitsministerin Ursula von der Leyen. Einzelheiten zur Zukunft im Sinne eines *Zukunftsdetailsatzes* fehlen.

Beispiel 2: Zeitungsbericht
Koalition gibt Gas bei den Studiengebühren

LEADABSATZ:
München – Die umstrittenen Studiengebühren in Bayern dürften voraussichtlich noch im Laufe des Frühjahres endgültig abgeschafft werden. Wenige Tage nach dem Kompromiss in der Koalition zeichnet sich nun ab, dass das gesamte Paket spätestens übernächste Woche im Kabinett behandelt wird. Ende April könnte dann der Landtag die Gebühren definitiv zu den Akten legen, im Gespräch ist das Plenum vom 24. April.

DETAILABSATZ:
Die Koalition steht unter Zeitdruck, weil Ministerpräsident Horst Seehofer (CSU) das Gebührenthema vor der heißen Wahlkampfphase loshaben will. Außerdem ist es kompliziert, weil die Koalition bei ihrer Einigung das Fass weit aufgemacht hat. Zu beschließen sind nun gleich mehrere Punkte: Das Volksbegehren vom Januar gegen die Studiengebühren muss im Landtag unverändert abgesegnet werden, um den bei Seehofer und der CSU ungeliebten Volksentscheid zu vermeiden. Gleichzeitig muss das auf Druck der FDP zum Ersatz dafür durchgesetzte „Bildungsfinanzierungsgesetz" in Marsch kommen. Dieses arbeitet nun Finanzminister Markus Söder (CSU) aus, es soll nicht nur den vollständigen Ersatz der Studiengebühren für die Universitäten regeln, sondern auch 150 Millionen Euro in die frühkindliche Bildung pumpen. Außerdem muss noch geklärt werden, wie die zusätzlich vereinbarte Sondertilgung von 480 Millionen Euro abläuft, Söder muss zudem im gesamten Haushalt noch einmal 200 Millionen Euro einsparen.

HINTERGRUNDABSATZ:
Anders als bei der FDP sorgt der Kompromiss bei der CSU offenbar nicht für größere Verwerfungen. Am Rande der CSU-Fraktionssitzung im Landtag äußerten sich Abgeordnete zufrieden. „Ich bin natürlich heilfroh, dass die Kuh vom Eis ist", sagte Fraktionsvize Alexander König. Zuvor hatte es bei Finanzpolitikern auch skeptische Stimmen gegeben wegen der Höhe des Gesamtpakets, das mindestens 900 Millionen Euro umfasst. Söder sprach dagegen von einem „sehr guten Kompromiss". Söder hob vor allem die hohe zusätzliche Schuldenrückzahlung hervor. „Deswegen kann ich damit gut leben."

ZUKUNFTSABSATZ:
Die CSU will jetzt den bislang noch unkonkret vereinbarten Ausbau der frühkindlichen Bildung mit einer Arbeitsgruppe vorantreiben. Sie leitete der frühere Kultus-Staatssekretär Karl Freller.

In der FDP gibt es dagegen heftige Diskussionen darüber, wie solide das Paket finanziert ist. Viele Delegierte des Parteitages, der am Samstag über den Kompromiss entscheiden soll, drohen mit Ablehnung, weil ein großer Teil durch unerwartet hohe Steuermehreinnahmen finanziert wird, die in den Folgejahren nicht garantiert sind.

Freie-Wähler-Chef Hubert Aiwanger sprach dagegen von Realitätsverlust bei Schwarz-Gelb. „Jeder Trainer müsste zurücktreten, jede Firma wäre pleite." FMUE
Süddeutsche Zeitung vom 28. Februar 2013, S. 45.

Auch in diesem Zeitungsbericht enthält der Leadabsatz die wichtigste Information des Artikels in sachlich-nüchterner Form: Bayern schafft voraussichtlich noch in diesem Frühjahr die Studiengebühren ab.

Der Detailabsatz berichtet von den Einzelheiten des Vorhabens. Er erläutert dem Leser, warum die Koalition unter Zeitdruck steht und warum es so kompliziert ist, die Studiengebühren abzuschaffen.

Der Hintergrundabsatz fängt die Stimmung in der CSU-Landtagsfraktion ein und belegt diese durch direkte Zitate (Fraktionsvize König: „Ich bin natürlich heilfroh, dass die Kuh vom Eis ist"; Söder: „sehr guter Kompromiss").

Der Zukunftsabsatz zeigt die Konsequenzen des Vorhabens auf. Dabei weitet der Autor den Blick von der CSU hin zur FDP und beendet den Absatz mit einem bildhaften wörtlichen Zitat des Chefs der Freien Wähler, Hubert Aiwanger: „Jeder Trainer müsste zurücktreten, jede Firma wäre pleite." Auch in diesem Zeitungsbericht fehlt der Zukunftsdetailsatz.

2.4.2 Die Sprache des Zeitungs- und Agenturberichts

Beim Bericht steht die Information im Vordergrund, die der Autor in möglichst objektiver Form wiederzugeben hat. An diesem Ziel und dieser Aufgabe des Berichts orientiert sich auch die Sprache. Sie ist sachlich, nüchtern und präzise. Opulente Sprachbilder, gewitzte Wortspiele und ausgefallene Verben und Adjektive sind dem Bericht fremd. Der Sprachstil ist sachlich und nüchtern. Deshalb kommt der Journalist mit einem Standardrepertoire an Substantiven, Verben und Adjektiven aus. Genauso wie bei der Meldung ist auch beim Bericht die Verständlichkeit entscheidend. Deshalb ist es ratsam, möglichst kurze Sätze zu verwenden. Am besten bleibt der Autor unter der 26 Wörter-Grenze. Denn nach dem *Ludwig-Reiners-Schema* (vgl. 1.2.1) beginnt ein Satz dann unverständlich zu werden. Auch Schachtelsätze sollte der Autor vermeiden, wenn sie aus mehr als 25 Wörtern bestehen. Zudem tragen geläufige Wörter dazu bei, dass der Leser den Text leicht und schnell verstehen kann. Anregende Zusätze im Sinne des Hamburger Verständlichkeitsmodells sind im Bericht lediglich in Form von Zitaten denkbar. Zitate kommen im Bericht häufiger vor als in einer Meldung. Der Grund dafür liegt auf der Hand: Der Bericht ist länger und geht stärker in die Tiefe. Um den Texten mehr Authentizität zu verleihen, greifen Journalisten als Beleg auf Zitate zurück. Und das sooft wie möglich.

Checkliste Zeitungs- und Agenturbericht
Sprache:
- sachlich und nüchtern,
- objektiv und präzise.

Wortwahl:
- geläufige Wörter,
- möglichst Verzicht auf Fremdwörter,
- Abkürzungen erklären,
- Verben: Standard,
- Adjektive: selten,
- Wortspiele und Sprachbilder: selten.

Zitate:
- direkte und indirekte Zitate,
- ganze Sätze oder einzelne Wörter,
- Zitate aus Studien und Berichten,
- häufiger, aber überlegter Einsatz.

Satzbau:
- verständliche Sätze (Faustregel: nicht länger als 25 Wörter),
- einfacher Satzbau,
- Schachtelsätze vermeiden.

2.5 Der Zeitschriftenbericht – eine informierende und unterhaltende Darstellungsform

Bei der Darstellung der journalistischen Textsorte Zeitschriftenbericht gehen die Begrifflichkeiten in der Fachliteratur durcheinander. Die einen bezeichnen diese Art von Bericht als Magazinstory oder Magazingeschichte, die anderen nennen sie Magazinbericht oder Newsstory. Außerdem gibt es unterschiedliche Ausformungen von Berichten in unterschiedlichen Zeitschriften.[2] Viele Berichte, vor allem im Nachrichtenmagazin „Der Spiegel", sind aufgebaut wie Magazinmeldungen (vgl. Abschn. 2.3). Der größte Unterschied liegt in der Textlänge. Magazinberichte sind länger als Zeitschriftenmeldungen. Dabei variiert die Länge von Zeitschriftenberichten sehr stark. Zwischen 50 Zeilen und mehreren Seiten ist alles möglich.

2.5.1 Der Aufbau des Zeitschriftenberichts

Genauso wie Magazinmeldungen enthalten auch Zeitschriftenberichte grafische Elemente wie Fotos, Abbildungen und/oder Tabellen. Wer sie mit Zeitungsberichten vergleicht, wird sehen: Magazinberichte setzen nicht nur auf Text, sondern auch auf Optik. Sie versuchen, den Leser über eine starke Bildsprache und aussagekräftige Grafiken und Tabellen zu ködern. Die Aufgabe von Magazinredakteuren besteht darin, für ihre Geschichten eine eigene Aktualität und damit eine Daseinsberichtigung zu schaffen. Denn mit Aktualität können sie in der Regel nicht punkten. Das kann dadurch gelingen, dass Zeitschriftenredakteure anders an eine Information herangehen, sie gegen den Strich bürsten, eine neue Perspektive einnehmen, eine ungewöhnliche Hauptperson wählen oder eine Story „weiterspinnen". Oder anders ausgedrückt: Sie müssen der Geschichte einen eigenen, ungewöhnlichen „Dreh" geben. Denn das Ziel von Magazinjournalisten ist es, den Leser nicht nur zu informieren, sondern auch zu unterhalten. Dazu können Journalisten ähnlich vorgehen wie bei der Magazinmeldung.

Zunächst einmal entwirft der Journalist eine These. Diese gehört in den Vorspann. Der Vorspann besteht aus den Zeilen, die sich direkt an die Überschrift anschließen. In der Regel ist der Vorspann optisch vom Fließtext abgesetzt und gefettet und/oder in einer größeren Schrift gedruckt als der übrige Text.

---

[2] So vertreten manche die Meinung, im Magazinbericht habe Meinung nichts zu suchen. Andere wiederum glauben, diese journalistische Darstellungsform eigne sich für kommentierende Äußerungen des Autors.

VORSPANN MIT THESE:
Konzernchef Anshu Jain und sein Vorstandskollege Rainer Neske liegen
im Clinch. Der Libor-Skandal befeuert den Konflikt – und reißt die alten
Gräben wieder auf.
Der Spiegel 9/2013 vom 25. Februar 2013, S. 67.

Nach dem Vorspann folgt der Fließtext. Die ersten Sätze des Fließtextes spielen eine besonders wichtige Rolle: Sie sollen den Leser für den Bericht gewinnen. Deshalb müssen sie sein Interesse wecken. Das kann auf ganz unterschiedliche Art und Weise gelingen. Zum Beispiel, indem der Journalist über eine kleine Szene in die Geschichte einsteigt.

BEISPIELE FÜR SZENISCHE EINSTIEGE

Anshu Jain war voll des Lobes für Rainer Neske, als er Ende Januar bei der Bilanzpressekonferenz auf seinen Privatkundenvorstand zu sprechen kam. Er sei stolz darauf, wie sich die Geschäfte der Deutschen Bank in dem Bereich trotz aller Widrigkeiten entwickelten, sagte der Co-Chef der Deutschen Bank. Neske blickte zufrieden.
Der Spiegel 9/2013 vom 25. Februar 2013, S. 67.

Es war nur eine kleine Schar von Internet-Aktivisten, die am vergangenen Freitag vor dem Brandenburger Tor dem kalten Berliner Wind trotzte und mit Pappschildern gegen die „Lex Google" demonstrierte.
FOCUS 10/2013 vom 4. März 2013, S. 38.

Eine andere Möglichkeit, das Interesse des Lesers zu wecken, ist der Einstieg über ein Zitat.

BEISPIEL FÜR ZITATEINSTIEG

Die Ansage ist eindeutig. Der Finanzsektor, so Minister Wolfgang Schäuble (CDU), müsse sich mit einem „angemessenen Beitrag an der Bewältigung der Kosten der Finanz- und Wirtschaftskrise" beteiligen.
FOCUS 10/2013 vom 4. März 2013, S. 74.

Danach erzählt der Journalist seine Geschichte und reichert diese mit Zahlen, Daten und Fakten an. Die Story wirkt dann besonders lebendig, wenn sie personalisiert ist. Das ist der Fall, wenn der Autor die Geschichte exemplarisch anhand einer oder mehrerer Personen erzählt, die im Verlauf der Story immer wieder auftauchen und direkt und/oder indirekt zitiert werden. Überhaupt sind Zitate ein beliebtes, gerne und oft verwendetes Stilmittel bei Magazinberichten, denn sie verleihen dem Bericht mehr Authentizität und Lebendigkeit.

Wichtig beim Erzählen der Geschichte ist, dass die Story die These des Vorspanns stützt. Genauso wie die Magazinmeldung setzt auch der Zeitschriftenbericht auf einen „geschlossenen" Ausstieg. Die letzten Sätze dienen dazu, den Bericht abzurunden nach dem Motto: „Anfang und Ende reichen sich die Hände." Zum Beispiel, indem der Autor die Anfangsszene wieder aufgreift oder auf ein Zitat vom Beginn des Textes zurückgreift.

Grundgerüst Zeitschriftenbericht
Vorspann:
- klare These.
Einstieg in Fließtext:
- über Szene inklusive Einführung des oder der Protagonisten,
- über Zitat (zum Beispiel des oder der Protagonisten).
Geschichte:
- stringent und nachvollziehbar erzählt,
- einem roten Faden folgend,
- wiederholtes Auftauchen des oder der Protagonisten im Laufe der Geschichte,
- Szenen stützen These,
- Daten, Fakten und Zahlen stützen These,
- häufige direkte und indirekte Zitate (in Form ganzer Sätze oder als Halbsätze in einen Satz „eingewebt"); Zitate untermauern These.
Ausstieg:
- geschlossen („Anfang und Ende reichen sich die Hände"),
- Aufgreifen der Anfangsszene,
- Aufgreifen des Anfangszitats.
Ziel: Informationsvermittlung und Unterhaltung.

2.5.2   Die Sprache des Zeitschriftenberichts

Auch der Zeitschriftenbericht ist eine *tatsachenbetonende* Darstellungsform. Obgleich er keine direkte Meinung des Autors enthalten sollte (vgl. aber Fußnote 11), lässt er schon durch die Auswahl der Perspektive, des Protagonisten und der Zitate einigen Raum für dessen subjektive Sichtweise. Die Sprache hat sich dem Zweck des Magazinberichts, den Leser zu unterhalten, unterzuordnen. Das bedeutet, dass sie lebendig und anschaulich sein muss. Dazu gehören Sprachbilder und kraftvolle Verben. Die Sätze sind – im Vergleich zur Zeitungsmeldung – in der Regel länger. Das bedeutet jedoch nicht, dass im Bericht verschraubte Schachtelsätze angebracht wären. Im Gegenteil: Auch in Zeitschriftenmeldungen stören sie den Lesefluss. Ein Journalist, der sein Handwerk versteht, vermeidet sie. Wer sich unterschiedliche Zeitschriftenberichte durchliest, kann keine Regel bei der Anwendung der Zeitformen entdecken. In der journalistischen Praxis verwenden die Autoren die Zeitformen ganz nach ihrem Gusto.

Checkliste Zeitschriftenbericht
Sprache:
* sachlich,
* möglichst objektiv,
* anschaulich.
Wortwahl:
* Sprachbilder,
* kraftvolle Verben.
Zitate:
* häufig,
* direkte und indirekte Zitate (ganze Sätze und ausgewählte Wörter).
Satzbau:
* gut verständliche Sätze,
* nicht allzu komplizierter Satzbau,
* Schachtelsätze vermeiden.

2.6   Die Reportage – die journalistische Königsdisziplin

Die Reportage ist die lebendigste und subjektivste journalistische Darstellungsform. Sie gehört zu den *erzählenden* Textsorten. In der einschlägigen Literatur wird sie oft als „journalistische Königsdisziplin" bezeichnet. Denn sie bietet dem Autor die Möglichkeit, auf der gesamten Klaviatur seines journalistischen Könnens zu spielen. Angehende Journalisten hören oft den Satz: „Die Reportage ist Kino im Kopf." Warum? Weil eine gelungene Reportage dem Leser den Eindruck vermittelt, er wäre bei einem Ereignis selbst dabei gewesen. Der Autor fungiert also als Stellvertreter des Lesers. Er leiht diesem seine fünf Sinne. Er sieht, hört, riecht, schmeckt und fühlt für ihn. Für den Leser wechselt der Autor die Perspektive. Bestimmte Personen, Gegenstände und Ereignisse zoomt er heran, anderen nähert er sich mit dem Weitwinkelobjektiv. Eine gute Reportage verfolgt dasselbe Ziel wie ein guter Film: Sie will den Leser fesseln und ihm die Illusion vermitteln, selbst bei einem spannenden oder außergewöhnlichen Ereignis zugegen gewesen zu sein. Dazu muss der Autor wie der Filmemacher die Perspektive wechseln, Personen einführen, diese verschwinden lassen, um sie später wieder auf der Bildfläche erscheinen zu lassen.

Um eine gute Reportage verfassen zu können, muss der Autor dem Ereignis, über das er schreiben will, selbst beigewohnt haben. Denn nur so kann er authentisch davon erzählen. Eine Reportage kann also nie allein am Schreibtisch entstehen. Denn sie beruht im Wesentlichen auf der präzisen *Wahrnehmung* eines Geschehens durch den Autor. Dieses *persönliche Erleben* ist einzigartig, denn ein anderer Verfasser könnte dasselbe Ereignis ganz anders empfunden haben.

Explizite Werturteile des Journalisten haben in der Reportage nichts zu suchen.[3] Damit unterscheidet sie sich von allen *meinungsbetonten* Textsorten wie zum Beispiel dem Kommentar. In einer Reportage ist also der folgende Satz deplatziert, da er eine explizite Wertung des Autors enthält:

Das Treppenhaus des Hauses war alt und heruntergekommen.

Stattdessen muss der Autor den Ort so exakt beschreiben, dass im Kopf des Lesers das Bild entsteht, er befinde sich in einem alten und heruntergekommenen Treppenhaus. Zum Beispiel so:

Schon im Treppenhaus beginnt die Zeitreise: Knarrende Holzdielen, blankgescheuertes Treppengeländer und ein modrig-süßlicher Geruch.

Um selbst erlebte Szenen beschreiben zu können, muss der Autor diese zunächst bewusst wahrgenommen haben. Dazu müssen alle seine fünf Sinne auf Empfang stehen. Und das oft über einen Zeitraum von mehreren Stunden hinweg. Wer das selbst schon einmal versucht hat, weiß, dass dieses bewusste Wahrnehmen alles andere als einfach ist. Denn allzu oft lässt sich der Beobachter ablenken. Und schon ist ihm eine Szene entgangen, ein wichtiges Detail entschlüpft.

Exzellente Reportage-Autoren sehen das, was andere nicht sehen, und hören das, was andere nicht hören. Solche Autoren sind achtsam, sie nehmen sehr gut wahr. Wer gute Reportagen schreiben will, sollte also zunächst einmal seine Wahrnehmung schulen. Zum Beispiel, indem er jeden Tag zehn Minuten lang all seine

---

[3] Implizite Wertungen des Autors kommen in der Reportage hingegen oft vor. So etwa durch die Auswahl der Szenen und ihre Beschreibung.

fünf Sinne auf Empfang stellt, um die wahrgenommenen Szenen anschließend detailliert zu Papier zu bringen.

Übung

Stellen Sie sich an einen belebten Ort in Ihrer Stadt, zum Beispiel in die Fußgängerzone oder auf den Marktplatz. Nehmen Sie dann zehn Minuten lang bewusst und mit allen fünf Sinnen wahr, was um Sie herum geschieht. Sammeln Sie kleine Szenen. Als Gedächtnisstütze können Sie sich kurze Stichwörter notieren. Formulieren Sie Ihre Wahrnehmungen während dieser zehn Minuten jedoch auf keinen Fall aus. Das würde zu stark ablenken. Suchen Sie sich anschließend ein ruhiges Plätzchen, um Ihre Wahrnehmungen niederzuschreiben.

Die folgenden Zeilen sind Eindrücke aus der Mainzer Innenstadt.

Szenen aus der Mainzer Innenstadt

Es nieselt. Eine Blondine mit Engelshaar zerrt am Verschluss ihres lilafarbenen Regenschirms. Mit einem Satz steht ein hagerer Typ neben ihr. Seine Mundwinkel heben sich. Seine Augen verstecken sich hinter einer überdimensionalen silbernen Nickelbrille. „Wie wär's mit einer Zeitung?" Der Hüne deutet auf seinen Bauchladen. Er fingert nach einer Zeitung und hält sie der Blondine direkt vor die Augen: Straßen-Gazette. Sie schüttelt den Kopf. Strähnen, die der Nieselregen an ihre Schläfe geklebt haben, lösen sich. Und weg ist sie. Der Zeitungsverkäufer bleibt zurück. Seine Augen wandern die Straße entlang. Plötzlich saugen sie sich an einem Plakat fest: „Nordsee – frisch verliebt". Aus einem Fladenbrot lugen rosa Krebsschwänze hervor. Seine Zunge fährt im Zeitlupentempo über seine Oberlippe. Plötzlich reißt er die Augen vom Plakat los. Er senkt den Kopf und blickt hinunter auf seinen Bauchladen. Seite an Seite liegen da noch 20 „Straßen-Gazetten".

Diese Übung lässt sich leicht in den eigenen Alltag integrieren. Sie schult die Sinne und bereitet auf die erste eigene Reportage vor.

Bevor sich der Reporter zum Ort des Geschehens aufmacht, sollte er sich informiert haben. Über den Ort, über die Protagonisten und über die Vorgeschichte. Denn je mehr der Autor im Vorfeld weiß, desto mehr wird er wahrnehmen können.

2.6.1   Die Reportage – der Aufbau

Für den Aufbau von Reportagen gibt es kein Patentrezept. Das bedeutet: Wer eine Reportage schreibt, hat große Freiheiten – im Hinblick auf *Inhalt* und *Form*. Denn Reportagen leben von ihrer Dramaturgie – und diese ist nicht nur von Autor zu Autor, sondern auch von Reportage zu Reportage unterschiedlich. Dabei hat der Journalist immer ein Ziel vor Augen: Er will den Leser mitnehmen auf eine spannende Reise, die er selbst schon erlebt hat.

Trotz aller gestalterischen Freiheiten lassen sich auch bei Reportagen Elemente erkennen, die für diese Textsorte typisch sind. So sind Reportagen in der Regel aus *subjektiven* und *objektiven* Bestandteilen zusammengefügt. In den subjektiven Teilen beschreibt der Autor präzise, lebendig und anschaulich die Szenen, die er am Ort des Geschehens wahrgenommen hat. In den objektiven Teilen wendet sich der Autor den sogenannten *faktizierenden Elementen* zu. Darunter versteht der Journalist alle Zahlen, Daten und Fakten, die nach seiner Ansicht zum besseren Verständnis der Reportage beitragen. Wie der Reporter die subjektiven mit den objektiven Teilen verknüpft, bleibt ihm überlassen. So kann er zum Beispiel die subjektiven Teile streng von den objektiven Elementen trennen. Wählt er diese Methode, so wird er den „Haupttext" allein mit Szenen bestreiten und die Daten, Zahlen und Fakten in einem Kasten zusammenstellen. Alternativ kann er subjektive und objektive Elemente im „Haupttext" miteinander verknüpfen. Entscheidet er sich für diese Technik, so wird er immer wieder faktizierenden Elemente in den subjektiv gestalteten Text einweben.

Wie schon erwähnt, ist die Reportage eine „freie" Textsorte. Dennoch: Wer gute Reportagen analysiert, kann auch beim Aufbau gewisse „Leitplanken" erkennen, an denen sich der Reporter orientiert hat.

Zunächst recherchiert der Autor Fakten und sammelt Szenen am Ort des Geschehens. Aus diesem Stoff arbeitet er die „Quintessenz" der Geschichte heraus. Journalisten bezeichnen diese „Quintessenz" als *These*. Diese These schreibt der Autor in den sogenannten *Vorspann*. Der Vorspann steht direkt unter dem Titel, erstreckt sich oft über zwei Zeilen und setzt sich durch eine größere und/oder gefettete Schrift deutlich vom Fließtext ab. Wichtig ist, dass der Autor eine These entwickelt, *bevor* er mit dem Schreiben beginnt. Und sich für diese auch genügend Zeit nimmt. Denn die These gibt – bildlich gesprochen – die Marschroute für den gesamten Text vor. In ihr steckt komprimiert die Quintessenz oder Kernbotschaft der ganzen Geschichte. An ihr muss sich der Journalist orientieren, während er seine Reportage aufschreibt. Sowohl die subjektiven als auch die objektiven Elemente der Reportage müssen die These stützen.

Hier ein Beispiel[4], wie ein Vorspann mit These bei einer Reportage über ein Entrümpelungsunternehmen ausgesehen hat.

Reportage über ein Entrümpelungsunternehmen

VORSPANN MIT THESE:
Entrümpelungsunternehmer arbeiten wie Detektive – Recherchieren und
Kombinieren als Leidenschaft

Nach der These folgt der sogenannte *Einstieg*. Damit sind die ersten Sätze des Fließtextes gemeint. Diese verfolgen vor allem ein Ziel: Sie sollen den Leser in den Text hineinziehen, ihn fesseln und begeistern. Deshalb steigen die meisten Autoren mit einer Szene ein. Denn so können sie dem Leser gleich zu Beginn der Reportage den Eindruck vermitteln, er sei Teil des Geschehens. Manche Autoren flechten in die Anfangsszene bereits Fakten zum Ort des Geschehens (faktizierende Elemente) ein.

Reportage über ein Entrümpelungsunternehmen

SZENISCHER EINSTIEG MIT FAKTIZIERENDEN ELEMENTEN:
Schon im Treppenhaus beginnt die Zeitreise: knarrende Holzdielen, blankgescheuertes Treppengeländer und dieser modrig-süßliche Geruch. In der Küche stehen aufgereiht auf dem Fensterbrett die Gläser mit eingemachter Marmelade. Die Etiketten schimmern grünlich-grau.
    Die Mieterin war 92 Jahre alt, als sie ihre Wohnung Anfang März verlassen musste und zu ihrem Sohn nach Potsdam zog. 75 Jahre hatte die gebürtige Frankfurterin dort gelebt. Zuerst mit Mann und Sohn, in den letzten Jahren allein. Nur zehn Kisten nahm sie mit in die neue Heimat.

Nach dem szenischen Einstieg mit oder ohne faktizierende Elemente folgt der *Hauptteil*. Auch bei diesem genießt der Reporter große Freiheiten. In der Beispielreportage über das Entrümpelungsunternehmen hat die Autorin nach dem szenischen Einstieg einen Absatz eingefügt, der dem Leser hilft, sich zu orientieren. Außerdem hat sie folgende Fragen des Lesers beantwortet: Warum entführt mich die Autorin gerade hierhin? Was ist das Besondere an diesem Ort? Was hat der Ort mit der These im Vorspann zu tun? Wer ist der Protagonist? Das sind Fragen, denen die Autorin zusammen mit dem Leser in den nächsten Sätzen auf den Grund gehen will. Auch hier können sich wieder szenische und faktizierende Elemente abwechseln.

---

[4] Das Beispiel stammt von Kerstin Liesem, Frankfurter Allgemeine Zeitung vom 17. März 2004, S. 45.

Reportage über ein Entrümpelungsunternehmen

HAUPTTEIL:
ORIENTIERUNGSABSATZ FÜR DEN LESER MIT SZENISCHEN UND FAKTI-
ZIERENDEN ELEMENTEN:
In der Dreizimmerwohnung stapelt sich ein Dreivierteljahrhundert Erinnerungen. Pralle Müllsäcke und Kisten voller Papier bedecken den Boden.
Es riecht nach Schweiß und Staub. Sechs Wochen haben Wolfgang Appel
und sein vierköpfiges Team Zeit, um die Wohnung besenrein zu räumen.
200 Stunden wollen sie dafür investieren. Sechs Wochen oder 200 Stunden
für ein ganzes Leben.

Appels Entrümpelungsunternehmen heißt auf Neudeutsch Allround-Service. Der
resolute Chef und seine vier Mitarbeiter sortieren und verpacken, werfen weg und
recyceln. Wertvolle Stücke verkauft Appel an Antiquariate, den Rest verscherbelt
er für ein paar Euro auf Trödelmärkten. Was ihm besonders gut gefällt, das behält
der robuste Mittfünfziger mit dem verschmitzten Blick selbst. Wie die braune Fell-
mütze, die auf seinem Kopf thront.

Der Leser weiß jetzt genau, wo er ist, was an diesem Ort geschieht und wer der
Protagonist ist. Nun kann die Autorin im Hauptteil fortfahren und ihre Sinnesein-
drücke in Szenen erzählen. Dabei hat sie Fakten in die Geschichte eingewebt.
Wichtig dabei ist immer, dass die Szenen die These des Vorspanns stützen. Und so
geht es weiter:

Reportage über ein Entrümpelungsunternehmen

HAUPTTEIL:
SZENEN UND FAKTEN:
Er ist Herr über die Erinnerungen. Liebevoll und vorsichtig nimmt er die
Hinterlassenschaften einzeln in seine kräftigen Hände und betrachtet sie.
Eine Weile steht er stumm und versunken da. Dann zieht er aus einem
kleinen Pappkarton sechs Pfeifen, abgegriffene und unberührte. Sogar eine
handgeschnitzte aus Meerschaum ist dabei. „Der Ehemann der Mieterin war
passionierter Pfeifensammler", sagt Appel. Aber auch alte deutsche Münzen
scheint er gehortet zu haben. Oder hat er sie nach dem Krieg nur vor den
Alliierten versteckt und später vergessen? Jedenfalls findet Appel eine kleine
Holzbox mit Einpfennigstücken aus dem Jahr 1942. Aus Aluminium sind sie,
Kriegsware. Die Fünfzigpfennigstücke sind sogar noch älter, sie stammen aus
der Weimarer Republik. Sie tragen den Aufdruck: „Sich regen bringt Segen".
    Appel taucht in die Familiengeschichte seiner „Kunden" ein. Für ihn sind
die Stücke, die ihm in die Hände fallen, nicht einfach leblose Materie. Richtig aneinandergereiht, ergeben sie ein umfassendes Familienporträt. Penibel

fügt er Mosaikstein an Mosaikstein. Er hat herausgefunden, dass der Familienvater Akademiker war. Was er wohl studiert hat? Ökonomie vielleicht. Jedenfalls bekam er jedes Jahr drei Flaschen Wein von einer renommierten Frankfurter Bank geschickt, verpackt in einen Karton mit fürstlichem Wappen. „Wahrscheinlich hat er die guten Tropfen als Dank für seine Arbeit bekommen", sagt Appel. Er fand vor einer Woche im Keller dreißig Kisten. Ob der Wein noch trinkbar ist, weiß keiner. Trotzdem hat Appel ihn bereits unter den Hammer gebracht.

Der „Herr des Hauses" war während des Zweiten Weltkrieges an der Front, als Infanterist. Appel hat seine „Hundemarke" gefunden. So nennt er das abknickbare Metallblatt, auf dem die persönlichen Daten von Soldaten verzeichnet waren und das sie immer bei sich trugen. Auch das Soldbuch ist noch da, zwar schon etwas vergilbt, aber noch gut lesbar. Kriegsdokumente sind auf dem Markt übrigens sehr begehrt.

Augenzwinkernd zieht Appel ein sperriges Bild mit einem roten Rahmen hervor. Es zeigt ein nacktes Mädchen, umringt von blondgelockten Engelchen mit goldenen Trompeten. Vor ihr sitzt schmachtend ein Panflöten-Spieler. „Das waren die typischen Schlafzimmerbilder der zwanziger Jahre", flüstert Appel. Heutzutage stünden stattdessen Fernseher als „Appetitanreger" in den Schlafgemächern.

Zur Wohnung gehört auch eine Dachmansarde. Dort hatte der Sohn sein Reich. Es ist klamm und muffig dort oben. Schmöker wie „Tom Sawyer" und „Robinson Crusoe" stapeln sich im schweren Buchenschrank. Das Papier wellt sich und hat braune Ränder. Angestaubt ist auch der Ausweis vom Bertelsmann-Lesering. Den findet Profi Appel in jedem zweiten Haushalt. Er muss es ja wissen, schließlich ist das Entrümpeln von Wohnungen seine Leidenschaft. Noch dazu eine, die auch die Medien interessiert. Erst kürzlich habe ihn ein Team von RTL II bei seiner Arbeit begleitet. Er selbst will ein Buch mit dem reißerischen Titel „Ausgeräumt und ausgeträumt" über seine Passion schreiben. Dafür sammelt er schon eifrig Dokumente.

Auf den Hauptteil der Reportage folgt das Ende oder der Ausstieg – wie ihn Journalisten nennen. Auch beim Ausstieg aus der Reportage ist der Autor frei. Wichtig ist aber, dass er die Reportage nicht einfach abbricht, sondern eine in sich geschlossene Geschichte erzählt. Deshalb kann der Journalist zum Beispiel mit einer typischen Szene aussteigen, mit einem typischen Zitat des Protagonisten oder an den Anfang anknüpfen nach dem bewährten Motto: „Anfang und Ende reichen sich die Hände." In der Beispielreportage ist die Autorin über eine Szene ausgestiegen, die typisch für den Protagonisten ist.

Reportage über ein Entrümpelungsunternehmen

AUSSTIEG ÜBER TYPISCHE SZENE:
Bevor er jedoch zum Stift greift, muss er sich noch unbedingt die Shake-speare-Anthologie aus dem Jahre 1864 zu Gemüte führen, die ihm just in diesem Augenblick in die Hände gefallen ist.

Jetzt haben Sie die verschiedenen Bausteine einer Reportage kennengelernt. Aus all diesen Mosaiksteinen ergibt sich folgendes „Grundgerüst" für den Aufbau einer Reportage, das natürlich nicht in Stein gemeißelt ist.

Grundgerüst Reportage
Vorspann:
- klare These.

Einstieg in den Fließtext:
- meist über typische Szene, die den Leser in den Text „hineinzieht".

Hauptteil:
Szenen und Fakten.

Szenen-Teil:
- Wahrnehmung über alle fünf Sinne,
- Szenen stützen These,
- Szenen folgen einem roten Faden,
- zahlreiche direkte und indirekte Zitate,
- wiederholtes Auftauchen der Protagonisten im Laufe der Geschichte.

Fakten-Teil:
- Daten, Fakten und Zahlen (faktizierende Elemente) stützen These.
- Faktizierende Elemente sind in den Text eingewebt oder finden sich gesondert im Kasten.
- dosiert eingesetzte direkte und indirekte Zitate.

Ausstieg:
- geschlossen („Anfang und Ende reichen sich die Hände"),
- Aufgreifen einer Anfangsszene,
- Aufgreifen des Anfangszitats.

Ziel: Dem Leser den Eindruck vermitteln, er hätte selbst an einem besonderem Ereignis teilgenommen.

2.6.2   Die Reportage – die Sprache

Die Reportage ist eine *erzählende, subjektive* journalistische Darstellungsform. Für den Leser beschreibt der Autor alle Szenen, die er wahrgenommen hat, so exakt wie möglich. Dazu verwendet er präzise Substantive und beschreibende Adjektive. Gattungsbegriffe wie zum Beispiel „Auto" genügen dabei nicht. Vielmehr will der Leser wissen, welches Auto genau der Reporter wahrgenommen hat. Bei der Beschreibung kann der Reporter getrost ungewöhnliche Begriffe verwenden und aussagestarke Verben einsetzen. Denn eine bildhafte Sprache trägt dazu bei, dass der Leser sich in das Ereignis hineingezogen fühlt. Lebendig und authentisch wird der Text, wenn der Journalist immer wieder auch Personen in direkter und indirekter Rede zu Wort kommen lässt.

Die Reportage ist eine Lesegeschichte, die ihrer speziellen Dramaturgie folgt. Jede Reportage hat ihren eigenen Rhythmus. Dazu gehören längere und kürzere Sätze. Dieses Wechselspiel zwischen kurz und lang darf jedoch nicht auf Kosten der Verständlichkeit gehen. Deshalb sollte der Autor auch bei Reportagen darauf achten, nicht zu viele Informationen in einen Satz zu packen. Er sollte allzu verschachtelte Sätze vermeiden. Bei der Wahl der Zeitformen ist der Autor frei. Bei der Beschreibung der Szenen dominieren das Präsens und das Perfekt. Die Fakten webt der Autor dagegen oft im Imperfekt oder im Plusquamperfekt ein.

Checkliste Reportage:
Sprache:
- lebendig,
- anschaulich,
- konkret.

Wortwahl:
- kraftvolle Verben,
- präzise Substantive (Gattungsbegriffe vermeiden),
- aussagekräftige Adjektive.

Zitate:
- häufig,
- direkte und indirekte Zitate (ganze Sätze und ausgewählte Wörter).

Satzbau:
- längere und kürzere Sätze (Rhythmus),
- verständliche Sätze,
- Schachtelsätze vermeiden.

2.7   Das Feature – das journalistische Phänomen

„Schreiben Sie ein Feature": Diesen Satz hören Magazinjournalisten häufig. Besonders in Zeitschriften und überregionalen Tages- und Sonntagszeitungen wie der „Süddeutschen Zeitung" oder der „Frankfurter Allgemeinen Sonntagszeitung" ist das Feature eine beliebte journalistische Darstellungsform. Der Begriff Feature hat sich in der journalistischen Praxis eingebürgert. Und das, obwohl es keine allgemein gültige Definition für das Feature gibt. Den englischen Begriff Feature ins Deutsche zu übersetzen hilft nicht weiter. Denn Feature heißt so viel wie *Gesichtszug, Wesensart* oder *Eigenart*. Hans-Joachim Schlüter schreibt in dem Buch „Praktischer Journalismus" (Pürer, Rahofer, Reitan 2004, S. 150 f.): „Manche Redaktionen verstehen unter Feature leichten Lesestoff, andere halten diese Stilform für besonders anspruchsvoll. Dem schließen wir uns an." Fasel ordnet das Feature zwischen Bericht und Reportage ein und zählt es zu den erzählenden journalistischen Darstellungsformen (Fasel 2008, S. 49).

2.7.1   Das Feature – der Aufbau

Obgleich es in der Literatur keine griffige und allgemein gültige Definition des Features gibt, hat sich in den Redaktionen ein Grundkonsens herausgebildet, welchen Zweck ein Feature zu erfüllen hat. Wolff (Wolff 2011, S. 192) schreibt in seinem Buch „Zeitungs- und Zeitschriftenjournalismus": „Das Feature stellt abstrakte Sachverhalte oder Sachthemen mithilfe typischer Situationen dar. Mit anderen Worten: Das Feature ist die Sachgeschichte für den lesefreudigen Erwachsenen" .

Diese Beschreibung umreißt den Zweck des Features gut. Der Autor behandelt ein Sachthema, indem er zum einen über Zahlen, Daten und Fakten berichtet. Zum anderen verdeutlicht er das Phänomen durch typische Beispiele. Deshalb ist Fasel zuzustimmen, der das Feature zwischen Bericht und Reportage ansiedelt. Das Feature ist nämlich aus zwei Komponenten zusammengesetzt. Auf der einen Seite steht der *Bericht*. Darin geht es um Zahlen, Daten, Fakten sowie um allgemeine Einschätzungen von Experten. Auf der anderen Seite stehen *Reportage-Elemente*. Die Aufgabe des Feature-Autors ist es, diese beiden Komponenten in einem Artikel zu kombinieren. Er tut dies, indem er die nüchternen Zahlen, Daten und Fakten nimmt und daraus allgemeine Aussagen erarbeitet. So entsteht die sogenannte *Sachebene*.

Diese Sachebene untermauert der Journalist, indem er sie anhand von konkreten Einzelfällen und Beispielen veranschaulicht. Diese konkreten Einzelfälle und Beispiele bilden die sogenannte *Beispielebene*. Für diese *Beispielebene* verwendet der Autor Szenen, also Reportage-Elemente. Im Feature wechseln sich *Sachebene* und *Beispielebene* ab. Das klingt schwierig, ist es aber in der Praxis nicht. Das werden Sie an den folgenden Beispielen sehen.

2.7.1.1 Feature-Beispiel 1: Der Religionswechsel

Stellen Sie sich Folgendes vor: Ihre Aufgabe als Journalist ist es, herauszufinden, ob sich Christen in Deutschland anderen Religionen zuwenden und, wenn ja, warum das so ist. Bevor Sie zu diesem Thema ein Feature schreiben können, müssen Sie kräftig recherchieren. Wie viele Christen treten jedes Jahr aus der Kirche aus? Was machen sie nach ihrem Austritt? Suchen sie sich anderswo eine religiöse Heimat? Finden sie in anderen Religionen oder religiösen Milieus etwas, das ihnen im Christentum verwehrt bleibt? Das sind nur einige Fragen, die es zu beantworten gilt. Dazu müssen Sie als Journalist Zahlen, Daten und Fakten recherchieren. Zudem müssen Sie mit Experten sprechen, deren Aussagen Sie zitieren können. Aus diesen Sachinformationen entsteht die *Sachebene*.

Nun benötigen Sie noch *typische Beispiele*. Dazu begeben Sie sich auf die Suche nach Personen, die ihre Religion gewechselt haben. Diese befragen Sie nach ihrer *individuellen Geschichte*. Die Rechercheergebnisse sind Grundlage für die *Beispielebene*.

Aus den Rechercheergebnissen für die Sach- und die Beispielebene ergibt sich die „Quintessenz" des Artikels, die *These*. Diese müssen Sie in ein oder zwei griffige Sätze packen. Beim Thema Religionswechsel hat die Autorin folgende These gewählt:

Feature über Religionswechsel

THESE:
Immer mehr Christen in Deutschland wenden sich anderen Religionen und religiösen Milieus zu. Denn dort finden sie, was sie im Christentum vermissen.

Die These steht im Vorspann direkt unter dem Titel. Der Vorspann ist meist zweizeilig und vom Fließtext abgehoben durch eine größere Schrift. Zum Teil ist er auch gefettet.

Nach dem Vorspann beginnt der Fließtext. Charakteristisch für das Feature ist, dass der Journalist zwischen *Beispielebene* und *Sachebene* abwechselt. So steigt er zum Beispiel mit einer oder zwei typischen Szenen ein und skizziert, welche Ereignisse bei konkreten Personen den Religionswechsel ausgelöst haben. Danach wendet er sich allgemeinen Zahlen, Fakten und Experten-Einschätzungen zu.

Ein Feature über den Religionswechsel deutscher Christen könnte also mit einer oder zwei Szenen als typischen Beispielen beginnen (*Beispielebene*):

Feature über Religionswechsel

BEISPIELEBENE:
Christian Hoffmann erwischte es auf seinem Balkon. Ganz plötzlich bei der Lektüre eines Buches über den Iran. „Schlagartig war mir klar, dass der Islam für mich die richtige Religion ist", erzählt er und malt ein Ausrufezeichen in die Luft. Der Islam sei „so logisch", dass „ich mich ihm gar nicht entziehen konnte". Jahrelang hatte der Protestant mit seinem Glauben gehadert. Besonders mit den christlichen Lehren von der Erbsünde, der Dreifaltigkeit und der Rolle Jesu als Erlöser hatte sich der selbstständige PR-Berater nie anfreunden können. „Das Christentum war ein Kleid, das mir nie gepasst hat."

Ein Erleuchtungserlebnis wie Hoffmann hatte Klaus Bünnecke nicht. Bei ihm war der Glaubenswechsel eher ein schleichender Prozess. Als er seine spätere Ehefrau, eine Thailänderin, kennenlernte, begann er, sich für den Buddhismus zu interessieren. 18 Jahre später hockt er im Schneidersitz auf dem Boden. Vor ihm erhebt sich eine mannshohe golden glänzende Buddha-Statue. Daneben flackern Kerzen. Der Duft von Räucherstäbchen wabert durch die Luft. „Der Buddhismus ist ein Lebensweg, der ins Glück führt", schwärmt der 52 Jahre alte Diplom-Ingenieur für Wasserwirtschaft. Seine Hände wirbeln durch die Luft, wenn er den Buddhismus erklärt. Bünnecke ist ehrenamtlicher Manager des buddhistischen Klosters „Wat Puttabenjapon" in Langenselbold in der Nähe von Hanau.

In diesem Feature beschreibt die Autorin zunächst typische Szenen. Außerdem führt sie zwei Hauptfiguren ein. Die *Beispielebene* entsteht.

Danach verknüpft die Autorin die *Beispielebene* mit der *Sachebene*. Sie beschreibt allgemein das Phänomen des Religionswechsels und lässt Experten zu Wort kommen. Lesen Sie selbst!

Feature über Religionswechsel

SACHEBENE:
Wie Hoffmann und Bünnecke geht es immer mehr Christen. Sie verheddern sich in komplizierten Glaubenslehren ihrer Kirchen, die sie nicht nachvollziehen können. Und die ihnen weder der Pfarrer noch kirchliche Institutionen einleuchtend erklären. „Außerdem fehlt vielen Christen die spirituelle und mystische Komponente im Christentum. Zumindest wird sie in den

Gemeinden häufig nicht praktiziert", sagt Ulrich Dehn, Referent für nicht-christliche Religionen in der evangelischen Zentralstelle für Weltanschauungsfragen in Berlin. Oft gäben auch nichtchristliche Lebenspartner den Anstoß, sich mit anderen Religionen auseinanderzusetzen. Auf der Suche nach Einfachheit, Klarheit und Spiritualität landen viele Christen in anderen religiösen Welten.

Nach diesen allgemeinen Informationen (*Sachebene*) wendet sich die Autorin wieder einem der Protagonisten als konkretem Beispiel zu (*Beispielebene*):

Feature über Religionswechsel

BEISPIELEBENE:
Hoffmann hat nach seinem „lichten Moment auf dem Balkon" neun Monate intensiv den Islam studiert. Danach vollzog er den Glaubenswechsel offiziell. Mit 41 Jahren trat der Berliner aus der evangelischen Kirche aus. Vor zwei muslimischen Zeugen sprach er die Schahada, das islamische Glaubensbekenntnis. Danach war er Muslim. Bereut hat der heute 57 Jahre alte Konvertit diesen Schritt nie. Noch immer ist er fasziniert von seiner neuen Religion. „Der Islam kennt keine Erbsünde. Außerdem gibt es nur einen Gott, Allah – Jesus ist nur ein Prophet." Den „Wirrwarr" mit dem komplizierten Christengott, der in den drei Gestalten Vater, Jesus Christus und Heiliger Geist auftrat, hat er hinter sich gelassen. Mit dem Islam habe er eine Religion gefunden, die „keine Vermittler" braucht. „Ich stand plötzlich direkt vor Gott – ohne Kirche, Pfarrer und Erlöser wie im Christentum." Hoffmann seufzt.

Nach diesem „Ausflug" auf die *Beispielebene* geht die Autorin wieder zur *Sachebene* über und lässt noch einmal den Weltanschauungsexperten zu Wort kommen.

Feature über Religionswechsel

SACHEBENE:
Den Weltanschauungsexperten Dehn verwundern diese Gründe nicht. „Viele Christen kommen mit der Trinitätslehre, den Dogmen und der Rolle Jesu Christi nicht zurecht und wenden sich deshalb vom Christentum ab. Das hat Dehn in vielen Gesprächen mit Konvertiten herausgefunden. Der besondere Reiz am Islam liege in dessen Einfachheit und Konzentration auf einen Gott. „Gewaltige Konversionsströme vom Christentum zum Islam beobachten wir trotzdem nicht", schränkt der Fachmann ein. Durchschnittlich zwischen 250 und 350 Übertritte zählte das Islam-Archiv in Soest in den vergangenen zehn

Jahren. 60 Prozent der Konvertiten sind der Statistik zufolge Frauen. Warum das so ist, kann Dehn nicht sagen: „Das ist das große Geheimnis der Frauen, das ich nicht entschlüsseln kann", sagt er und lacht.

Danach wechseln *Sach-* und *Beispielebene* weiter ab. Bei diesem Wechselspiel muss der Autor zwei wichtige Dinge berücksichtigen: Zum einen muss er darauf achten, dass Sach- und Beispielebene *zusammenpassen.* Zum anderen müssen die Inhalte beider Ebenen die These des Vorspanns *stützen.*

Das Ende ihres Features gestalten viele Autoren mit Hilfe einer typischen Szene. Eine andere beliebte Technik ist der sogenannte Zitatausstieg. Dabei kommt zum Schluss noch einmal ein Protagonist der Geschichte zu Wort. Das Feature über den Glaubenswechsel endete beispielsweise mit einem Gedanken des Buddhisten Klaus Bünnecke:

Feature über Religionswechsel

AUSSTIEG:
Die Versöhnung mit dem eigenen Christsein, auch das ist ein Geschenk des Buddhismus, findet Bünnecke.

2.7.1.2 Feature-Beispiel 2: Die letzte Generalaudienz des deutschen Papstes

Wer Beispiele für Features sucht, wird oft auf der SEITE DREI der „Süddeutschen Zeitung" fündig. Dort erstrecken sich die Geschichten in der Regel über die gesamte Seite, sind also zumindest für Tageszeitungsmaßstäbe sehr lang. Sie folgen meist dem oben beschriebenen Aufbau. So auch ein Artikel von Katja Auer und Matthias Drobinski über die letzte Generalaudienz des deutschen Papstes Benedikt XVI. (Süddeutsche Zeitung vom 28. Februar 2013, S. 3).

Auch in diesem Feature enthält der *Vorspann* in wenigen griffigen Sätzen die „Quintessenz" des gesamten Textes.

Feature über letzte Generalaudienz des deutschen Papstes

VORSPANN:
Für alles hat die katholische Kirche Gesten, Zeichen, Riten, Gebete und Gesänge. Aber für den Abschied eines lebenden Papstes? Über einen denkwürdigen Tag in Rom

In den Text steigen die beiden Autoren über Szenen ein. In diese lassen sie subtil eigene Wertungen einfließen.

Feature über letzte Generalaudienz des deutschen Papstes

SZENISCHER EINSTIEG:
Rom/München – Zum letzten Mal setzt er sich so den Menschen aus, 150.000
sollen es sein, die Generalaudienz ist von der Betonhalle, in der sie sonst
stattfindet, hinaus auf den Petersplatz verlagert. Hunderttausend jubelnde
fahnenschwingende, Transparente haltende Menschen, die Babys hinauf in
den weißen Mercedes reichen, auf dass Papst Benedikt XVI. sie küsse, wo
es doch so viele Jahre hieß, Gruppen von mehr als 50 nichtpromovierten
Menschen lösten bei Joseph Ratzinger Unbehagen aus. Noch einmal fährt
das Papamobil die große Runde durch die Menge, der Mann in Weiß steht
ein wenig gebeugt und winkt reduziert in diesen milchigblauen Frühlingstag. Fröhliche Römer, Bayern, Katholiken aus aller Welt winken zurück und
schreiben Geschichte: Sonst wird bei Papstabschieden ein Sarg durch die be-
tende Menge getragen, und Jubeln gilt als ungehörig.

Sie sehen: Dieser Text beginnt mit genauen Beobachtungen der Autoren. Sie erzählen von „Hunderttausenden jubelnden fahnenschwingenden, Transparente halten-
den Menschen, die Babys hinauf in den weißen Mercedes reichen". Sie beschreiben
den Papst „als Mann in Weiß, der ein wenig gebeugt steht und reduziert in diesen
milchigblauen Frühlingstag winkt". Neben diesen Beschreibungen enthält der Einstieg auch wertende Erklärungen der Autoren. Teilweise werden diese mit einer
Szene verknüpft. Zum Beispiel in folgendem Satz (dabei ist der gefettete Teil des
Satzes die wertende Erklärung der Journalisten):

Hunderttausende jubelnde fahnenschwingende, Transparente haltende
Menschen, die Babys hinauf in den weißen Mercedes reichen, auf dass Papst
Benedikt XVI. sie küsse, **wo es doch so viele Jahre hieß, Gruppen von mehr
als 50 nichtpromovierten Menschen lösten bei Joseph Ratzinger Unbehagen aus.**

Ein solch szenischer Einstieg ist – wie schon oben gesehen – typisch für das Feature.
Denn das Feature bewegt sich zwischen Bericht und Reportage. Szenen sind die Re-
portage-Stilmittel. Danach wechseln die Autoren zur *Sachebene*.

Feature über letzte Generalaudienz des deutschen Papstes

SACHEBENE:
Ja, ein historischer Tag. Karlheinz Geißler, der Zeitforscher und Beschleunigungskritiker aus München, hat – zu seinem eigenen Abschied als Professor – über „Die Kunst der Abdankung" geschrieben: „Der Schluss ist für unsere Gesellschaft etwas Lästiges, Unangenehmes, Unbedeutendes. […] Das Abschiedslose und Pseudo-Ewige sei an die Stelle des alten Glaubens vom ewigen Leben getreten – wer nicht mehr auf den Himmel hoffte, könne auch das irdische Leben nicht loslassen. […]"

Was dann folgt, ist das bekannte Wechselspiel zwischen *Sach*- und *Beispielebene*.

Am Schluss des Features greifen die Autoren einen Gedanken von Professor Geißler auf, einem Experten, den sie schon zu Beginn des Features eingeführt haben. Und auch die Hauptfigur, der Papst, taucht noch einmal, ein letztes Mal, auf. Damit runden sie das Feature ab nach dem Motto: „Anfang und Ende reichen sich die Hände."

Feature über letzte Generalaudienz des deutschen Papstes

AUSSTIEG ÜBER ZITAT:
„Nur ganz wenigen gelingt es, schlicht ade zu sagen, um den Feierabend des eigenen Daseins selbst einzuläuten", schreibt Professor Geißler, „dann nämlich bleibt einem das Schicksal des 1471 verstorbenen letzten Stargarder Herzogs erspart, der auf seinem Sterbebett klagte: „Oh Gott, wie ist man gerannt für vier Bretter und ein Laken. Man muss Schluss machen, damit andere endlich anfangen können." Das immerhin ist diesem Papst gelungen, wenn er an diesem Donnerstag im Hubschrauber Richtung Castel Gandolfo aufsteigt.

Aus den beiden analysierten Texten („Religionswechsel" und „letzte Generalaudienz des deutschen Papstes") lässt sich ein Grundgerüst für den Aufbau von Features herausdestillieren. Es sieht so aus:

Grundgerüst Feature

Vorspann:
- klare These.

Einstieg in Fließtext:
- oft über typische Szene.

Geschichte: Abwechslung zwischen Beispielebene und Sachebene.

BEISPIELEBENE:
- konkrete und typische Einzelschicksale meist anhand konkreter Personen,
- Szenen stützen These,
- häufige direkte und indirekte Zitate,
- konkrete Personen tauchen im Laufe der Geschichte immer wieder auf.

SACHEBENE:
- Daten, Fakten und Zahlen stützen These,
- Expertenaussagen stützen These,
- häufige direkte und indirekte Zitate, vor allem der Experten.

Ausstieg:
- geschlossen („Anfang und Ende reichen sich die Hände"), z. B. durch:
- Aufgreifen einer Anfangsszene,
- Aufgreifen des Anfangszitats.

Ziel: Erklären eines komplexen Themas anhand konkreter Beispiele.

2.7.2   Das Feature – die Sprache

Das Feature ist eine *erzählende* journalistische Darstellungsform, die sich zwischen *Bericht* und *Reportage* bewegt. Somit verbindet diese Textsorte *subjektive* und *objektive* Elemente (also Reportage- und Berichtselemente) miteinander. Diese „Zweiteilung" strahlt auch auf die Sprache aus. In den Berichtsteilen ähnelt die Sprache der des Zeitschriftenberichts (vgl. 2.5.2). Wendet sich der Autor den subjektiven Elementen zu, so verwendet er eine für die Reportage typische Sprache (vgl. 2.6.2). Bei der Wahl der Zeitform ist der Autor frei. Oft dominieren jedoch das Präsens und das erzählende Präteritum das Feature.

Checkliste Feature

BERICHTSTEILE:

Sprache:

- sachlich,
- möglichst objektiv,
- anschaulich.

Wortwahl:

- Sprachbilder,
- kraftvolle Verben.

Zitate:

- häufig,
- direkte und indirekte Zitate (ganze Sätze und ausgewählte Wörter).

Satzbau:

- gut verständliche Sätze,
- nicht allzu komplizierter Satzbau,
- Schachtelsätze vermeiden.

REPORTAGETEILE:

Sprache:

- lebendig,
- anschaulich,
- konkret.

Wortwahl:

- kraftvolle Verben,
- präzise Substantive (Gattungsbegriffe vermeiden),
- dosierter Einsatz ungeläufiger Begriffe.

Zitate:

- häufig,
- direkte und indirekte Zitate (ganze Sätze und ausgewählte Wörter).

Satzbau:

- längere und kürzere Sätze (Rhythmus),
- verständliche Sätze,
- Schachtelsätze vermeiden.

2.8   Das Porträt – die Abbildung einer Person

Auch das Porträt gehört zu den *erzählenden* Textsorten. Anders als das Feature ist das Porträt keine „Sachgeschichte für den lesefreudigen Erwachsenen" (Wolff 2011, S. 192), sondern eine *Charakterisierung einer Person* mit journalistischen Mitteln. Der Begriff Porträt stammt aus der bildenden Kunst. Wie der Maler setzt auch der Journalist grobe und feine Pinselstriche, arbeitet mit Licht und Schatten, um das Charakteristische einer Person herauszuarbeiten. Die Kunst dabei ist, das Gegenüber in all seiner Vielschichtigkeit und Widersprüchlichkeit abzubilden. Dazu darf der Autor nicht nur die Glanzpunkte im Leben einer Person beleuchten, sondern muss auch die Schattenseiten aufzeigen. Denn auch sie gehören neben den Leistungen und Verdiensten zu einem authentischen Bild.

Ein Porträt zu schreiben, bedeutet für den Journalisten, sein Gegenüber sorgfältig, möglichst objektiv und wahrheitsgetreu abzubilden. Nach der Lektüre des Textes soll der Leser im wahrsten Sinne des Wortes ein „Bild" eines Menschen vor Augen haben. Als erzählende Textsorte muss das Porträt den Leser außerdem unterhalten.

Wer ein Porträt schreiben will, muss zunächst einmal ganz genau zuhören und präzise beobachten. Was sagt der Porträtierte? Wie drückt er sich aus? Spricht er flüssig oder stockend? Redet er verständlich, oder antwortet er langatmig und ausweichend? Spricht er Hochdeutsch oder Dialekt? All diese Fragen kann nur derjenige beantworten, der aufmerksam zuhört. Neben den Worten sollte der Journalist auch auf die nonverbale Kommunikation wie Gestik, Mimik und Körperhaltung seines Gegenübers achten. Hält er Blickkontakt oder fixiert er einen Punkt an der Wand oder auf dem Boden? Trommelt der Gesprächspartner mit den Fingern auf den Tisch? Sitzt er aufrecht oder gebeugt? Bekommt er bei bestimmten Fragen einen roten Kopf oder feuchte Augen?

Das Gespräch mit dem Porträtierten allein reicht jedoch noch nicht aus, um ein nuancenreiches Bild zeichnen zu können. Auch Freunde, Familienangehörige, Mitarbeiter, Kollegen und Weggefährten sollte der Autor befragen. Feinde und Gegner sollte er zu Wort kommen lassen oder zumindest anhören. Weitere Mosaiksteine kann der Autor finden, indem er Archivmaterial auswertet und sich mit Zitaten vom oder über den Porträtierten auseinandersetzt.

Der praktische Journalismus kennt zwei Formen des Porträts: das *Kurzporträt* und das *große Porträt*. Wie die Namen andeuten, unterscheiden sich beide Porträtformen schon durch ihre Länge. Während der Journalist beim Kurzporträt in der Regel mit 60 bis 100 Zeilen auskommen muss, kann er sich beim großen Porträt meist über mindestens 200 Zeilen hinweg ausbreiten. Die unterschiedliche Länge wirkt sich auch auf die Tiefe und Detailgenauigkeit der beiden Porträtvarianten aus. Oft wird das Kurzporträt ergänzt um ein kleines Porträtfoto.

Das *Kurzporträt* hat oft einen konkreten Anlass. Der Journalist beleuchtet eine Person unter einem bestimmten Blickwinkel, zum Beispiel als „Mann des Tages". So veröffentlichte die „Süddeutsche Zeitung" am 11. März 2013 ein Kurzporträt des inzwischen verstorbenen Krupp-Patriarchen Berthold Beitz. Der Anlass war, dass dieser seinen bis dato engsten Vertrauten Gerhard Cromme entlassen hatte.

KURZPORTRÄT ÜBER BERTHOLD BEITZ:
Kommentare zum Firmenlenker Berthold Beitz, eine Auswahl: Seine Zeit ist endgültig vorüber. Ein Mann sollte wissen, wann er gehen muss. Da kämpft einer sein letztes Gefecht. Diese Sätze stammen aus dem Jahr 1967. Damals, als der letzte Krupp-Alleinerbe Alfried von Bohlen und Halbach auf dem Höhepunkt einer existenzbedrohenden Unternehmenskrise starb, galt sein Generalbevollmächtigter Beitz, mit dem er den Traditionskonzern von 1954 an wiederaufgebaut hatte, als Mann ohne Zukunft. Das ist 46 Jahre her, und Berthold Beitz ist immer noch da, wie eine Persönlichkeit aus einer versunkenen Zeit.

Jetzt hat er den Mann verloren, der seinerseits als rechte Hand von Beitz galt: Gerhard Cromme. Seit den Achtzigerjahren bestimmten die beiden den Kurs des Konzerns, führten ihn zur Fusion mit Thyssen 1999 und nun ins Debakel um Fehlinvestitionen und Korruption hinein. Beitz ist im Alter von 99 Jahren noch immer der von Alfried auf Lebenszeit bestimmte Vorsitzende der Krupp-Stiftung. Sie ist größter Einzelaktionär und verfügt über eine Sperrminorität. Erst 2010 nominierte Beitz Cromme zum Nachfolger – für irgendwann. Da hatte der Manger schon Jahre gewartet und war darüber selbst ins Rentenalter gekommen. „Die Arbeit hält mich lebendig", pflegt Beitz zu sagen.

Die Nähe von Cromme und Beitz war groß – und wird dennoch oft überschätzt. Beitz war mit Cromme niemals so eng verbunden wie er selbst einst mit Krupp. Aber Beitz, der so viele Spitzenleute holte und wieder feuerte, hatte in dem harten Entscheider endlich einen gefunden, dem er die Führung des Konzerns zutraute. Wenn es heißt, Beitz habe das jüngste Debakel mitverschuldet, ist das nicht ganz falsch. Aber er hat Cromme immer mehr freie Hand gelassen. Die verhängnisvollen Stahlgeschäfte in Brasilien lehnte er sogar ab, er akzeptierte sie nur aus Solidarität zu Cromme, zähneknirschend. Vergangenen Freitag fand diese Solidarität ein Ende. Beitz ließ Cromme, dessen Krisenmanagement ihm immer mehr missfiel, fallen.

Äußerlich scheint Beitz, der immer noch ein sehr präsenter und charmanter Gastgeber auf dem Essener Hügel ist, unberührt von den Querelen. Er hat Schlimmeres erlebt als Firmenkrisen. Als Ölmanager im besetzten Polen hat er mit seiner Frau Else 1941 bis 1944 Hunderte Juden vor der SS gerettet; beide wurden als „Gerechte unter den Völkern" geehrt. „Ich musste es einfach tun", sagte Beitz später. Er war Vertrauter Willy Brandts und im Ostgeschäft Vorreiter der Entspannungspolitik, wofür ihn Kanzler Konrad Adenauer als „national unzuverlässig" schmähte. Er sah sich stets als Wahrer des sozialen Erbes der Krupps, was sein bis heute sehr enges Verhältnis zu den Arbeitnehmervertretern erklärt.

Berthold Beitz war und ist ein Einzelgänger, der den unkontrollierten Finanzkapitalismus der Welt der Banken und Boni von Herzen verachtet. Es heißt, der Patriarch sei „der letzte Krupp". Nein, sagt er: „Ich bin der letzte Beitz."

Joachim Käppner, Süddeutsche Zeitung vom 11. März 2013, S. 4.

Im Unterschied zum *Kurzporträt* weitet sich beim *großen Porträt* der Blickwinkel. Der Anlass weist oft über den Tag hinaus. Auch das Foto, welches das Porträt oft ergänzt, ist in der Regel größer. Es zeigt den Porträtierten in seinem Umfeld, an seinem Arbeitsplatz oder in einer für ihn typischen Pose. Damit das *große Porträt* nicht zum bloßen Abschreiben des Lebenslaufs verkommt, verwenden viele Autoren Reportage-Elemente. Um Personen plastischer werden zu lassen, setzen sie typische Szenen ein. Sie variieren den Blickwinkel, zoomen den Protagonisten näher heran oder beobachten ihn aus der Weitwinkelperspektive.

Lesen Sie nun ein Beispiel für ein *großes Porträt* über den deutschen Unternehmer, Wolfgang Anton Graf von Faber-Castell:

GROSSES PORTRÄT ÜBER WOLFGANG ANTON GRAF VON FABER-CASTELL:
Der Graf unter den Bleistiften

Wolfgang Anton von Faber-Castell verkörpert wie kaum ein Zweiter die Blei- und Buntstiftmarke Faber-Castell. Dabei hatte er sich bis zum Tod seines Vaters standhaft geweigert, in das Familienunternehmen einzusteigen.

Mit etwas so Unspektakulärem wie mit Bleistiften Karriere zu machen? Wohl kaum! Das dachte sich jedenfalls Wolfgang Anton Graf von Faber-Castell als Abiturient. Klipp und klar schrieb er in einem Aufsatz zu seinen Zukunftsplänen: „Ich kann mir für mein Leben etwas Interessanteres vorstellen, als eine Bleistiftfirma zu leiten." Eine klare Ansage für den Adelsspross, dessen Familie sich seit sieben Generationen mit den dunkelgrünen Bleistiften einen Namen gemacht hatte. „Dabei war es nicht einmal so, dass ich mich nicht für Schreibwerkzeuge interessiert hätte", erinnert sich der Graf. Im Gegenteil: Schon als Schüler im Schweizer Internat in Zuoz habe er die Konkurrenz ständig im Auge behalten. „Ich habe meinen Vater immer über die Produkte des Schweizer Herstellers Caran d'Ache auf dem Laufenden gehalten." Die Geschicke des Familienunternehmens im fränkischen Stein bei Nürnberg zu lenken, dafür konnte sich „Toni" Graf von Faber-Castell – wie ihn die Familie nennt – damals noch nicht erwärmen.

Von dieser Distanz ist heute nichts mehr zu spüren. Im Gegenteil: Der Bleistift hat den Grafen erobert. Oder umgekehrt. Rastlos jettet der 65-Jährige in Sachen Faber-Castell um die Welt, besucht seine Produktionsstätten in Amerika und Asien, hält Vorträge und eröffnet Faber-Castell-Shops. Kurz: Wenn es um seine Marke geht, ist der Chef nicht weit. Wie kein Zweiter verkörpert er die Marke Faber-Castell. Dennoch versucht der Vater von vier Kindern die Wochenenden mit seiner Familie zu verbringen. „Dazu pendelt er mit seiner Frau Mary Elizabeth, einer gebürtigen Amerikanerin, zwischen München, wo die zehnjährigen Zwillinge zur Schule gehen, und dem Familiensitz bei Nürnberg hin und her.

Zeitraubende Hobbys kann er sich nicht leisten. Auf die Jagd geht er schon lange nicht mehr. „Die Böcke schieße ich im Büro", sagt er und lacht. Wenn er ein wenig Zeit hat, widmet sich der Bleistift-Graf der zeitgenössischen Kunst. „In meiner Brust wohnen zwei Seelen. Auf der einen Seite bin ich logisch und nüchtern, auf der anderen Seite kreativ und an Kunst interessiert." Ein besonderes Faible hat er für die deutschen Expressionisten. In seinem Büro hängt ein Bild des Leipziger Malers Neo Rauch. Oft ist er aber nicht zu Hause. Denn: „Die Markenführung allgemein ist und bleibt für mich Chefsache." Und dazu muss er überall präsent sein. Auch von seinen Angestellten fordert der Herr über 1,8 Mrd. Bleistifte im Jahr Identifikation mit dem Unternehmen. „Eigenes Karrieredenken und Selbstverwirklichung müssen dahinter zurückstehen." Er weiß, dass viel vom Ruf der Marke abhängt. Zumal in Zeiten, in denen sich Markenstifte von der Qualität her kaum noch voneinander unterscheiden. „Der emotionale Mehrwert spielt eine immer größere Rolle." Seine Stifte positioniert er als Schreibwerkzeuge für Anspruchsvolle. Adelsprodukte eben. Deshalb lässt er sich auch mit Vorliebe in Anzug und Krawatte mit Einstecktuch vor oder in seinem altehrwürdigen Schloss in Stein fotografieren. Vor dem Stammsitz des Unternehmens, um das der Graf in seinen jungen Jahren einen großen Bogen machte. Was sollte er im beschaulichen Stein bei Nürnberg, während es draußen in der Welt so viel zu entdecken gab? „Als 18-Jähriger wollte ich meinen eigenen Weg gehen." Seine Mutter Katharina unterstützte ihn dabei. Sie schärfte ihrem Sohn ein, sich nicht auf das väterliche Erbe zu verlassen. Also beschließt er zu studieren. Geschichte hätte ihn interessiert. Dennoch verabschiedet er sich schnell von diesem Gedanken. „Zu brotlos." Auch Betriebswirtschaft scheidet aus. „Zu schmalspurig." Schließlich entscheidet er sich für Jura. Auf

den Rat seiner Mutter hin, die meinte, das systematisch-analytische Denken
von Juristen könne man immer gebrauchen.
Nach dem Studium holt der Vater ihn ins Unternehmen. Denn er hatte schon damals erkannt, dass sein Sohn Wolfgang Anton von seinen zehn
Kindern der geeignete Nachfolger wäre. Halten kann der Firmenpatriarch
den Junior nicht. „Ich konnte ja nichts bewirken." Mit dreißig Jahren heuert
der Graf als Investmentbanker an und geht nach London und New York.
„Einblicke in unterschiedliche Unternehmen zu bekommen, das hat mich
interessiert", erzählt er. In dieser Zeit lernt er viel über Zahlen und Strategien.
„Aber wenig über Menschenführung", wie er zugibt. Trotzdem: Seine Arbeit
auf dem New Yorker Börsenparkett gefällt ihm, und er beschließt, in den
Vereinigen Staaten zu bleiben.
Doch das Schicksal will es anders. Der Vater erkrankt schwer und stirbt.
Mit wenig Erfahrung in Unternehmensführung übernimmt der 37-Jährige
die Leitung der Bleistiftdynastie. Von Anfang an setzt er auf Qualität und
verkündet: „Wir müssen uns abheben von den Pfennigprodukten." Sich mit
seinen Geschwistern über die Firmenpolitik zu streiten ist seine Sache nicht.
Er ist der Chef und zahlt die anderen aus. Nach einigen Experimenten konzentriert er sich auf das Kernstück des Unternehmens. Und das sind seit Generationen Blei- und Buntstifte. „Außerdem habe ich gelernt, bei meinen
Entscheidungen auf das Gefühl zu vertrauen." Sich auf den Rat sogenannter
Experten zu verlassen habe ihn einige Jahre gekostet. Auf sich selbst vertraut
hat er von Anfang an beim Design. „Darauf habe ich viel Wert gelegt. Das
galt damals als Spinnerei", erinnert er sich. „Der Erfolg hat mir recht gegeben." Vor einigen Jahren war es sogar das Design, das den Produktionsstand-
ort Deutschland mit seinen rund 800 Mitarbeitern gerettet hat. Grip hieß der
Kassenschlager, der mit seinen seitlichen Noppen für einen besseren Griff
sorgt. Und der Grip beweist auch, dass man mit so etwas Unspektakulärem
wie Bleistiften Karriere machen kann. Aber der Graf weiß das ja längst.
Kerstin Liesem, Frankfurter Allgemeine Zeitung vom 7. Oktober 2006,
Seite C3.

2.8.1   Das Porträt – der Aufbau

Strenge Aufbauregeln wie bei den tatsachenbetonenden Textsorten gibt es beim
Porträt nicht. Das Porträt ist eine freie Textform. Jedoch sollte der Autor auch beim
Porträt nach dem Abschluss seiner Recherche eine *klare These* formulieren. Denn

andernfalls ist die Gefahr groß, dass er beim Schreiben den roten Faden verliert. Besonders dann, wenn er sich lange und intensiv mit einer vielschichtigen Persönlichkeit auseinandergesetzt hat. Beim Entwerfen des Porträts sollte der Journalist darauf achten, dass all seine Aussagen die formulierte These stützen.

Beispiele für Thesen

Bald hält er wieder eine Rede in Berlin, eine seiner großen Reden. Aber den Worten folgen selten Taten, und nun erfuhren wir, dass er seine Landsleute bespitzeln lässt – genauso wie uns. Wie Barack Obama seine Magie verlor.
Martin Knobbe, stern Nr. 25 vom 13. Juni 2013, S. 39.

Nordkoreas Machthaber will plötzlich sympathisch und offen wirken. Eine politische Öffnung des Landes bedeutet das nicht.
Gudrun Dometeit, FOCUS 33/2012 vom 13. August 2012, S. 35.

Neben der *These* spielt auch der *Einstieg* beim Porträt eine große Rolle. Denn dieser hat die Aufgabe, den Leser auf die Geschichte neugierig zu machen. Anschaulich und spannend können anekdotische oder szenische Einstiege sein.

Beispiele für anekdotische/szenische Einstiege

Die Geschichte ist etwas mehr als zehn Jahre her. Geplant war damals ein Interview mit Gunter Sachs, einem der schillerndsten Männer der deutschen Nachkriegsgeschichte: Ex-Ehemann von Brigitte Bardot, Erbe des Industrie-Imperiums Fichtel & Sachs, erfolgreicher Fotograf und Bestsellerautor, profilierter Kunstsammler und prämierter Dokumentarfilmer. Es war die Woche, in der er 70 Jahre alt wurde.
„Sie können natürlich gerne das Auto benutzen", sagte er damals am Telefon, „aber ich brauche zufällig ein Paket mit dringenden Unterlagen hier in Gstaad. Im Postflieger wäre auch noch Platz für Sie. Wenn Sie mögen."
Christoph Scheuring, Der Spiegel 15/2013 vom 8. April 2013, S. 60.

Barnaby Jones wusste nicht, wie ihm geschah. Der britische Diplomat fand sich in einem Karussell des Rungna-Vergnügungsparks von Pjöngjang auf seinem Sitz eingezwängt zwischen neuem und altem Verteidigungsminister. Hinter ihm juchzend vor Freude Nordkoreas junger Herrscher Kim Jong Un.
Gudrun Dometeit, FOCUS 33/2012 vom 13. August 2012, S. 34.

Eine andere Technik ist es, das Porträt mit einem Zitat einer allseits bekannten Persönlichkeit oder einem Ausspruch des Porträtierten selbst zu beginnen.

Beispiel für Zitat-Einstieg

Kürzlich sagte Michael Douglas zufrieden in einer amerikanischen Illustrierten: „Ich kann gar nicht glauben, wie weit ich gekommen bin."
Christine Kruttschnitt, stern Nr. 25 vom 13. Juni 2013, S. 120.

Eine andere Möglichkeit des Einstiegs ist eine Beobachtung des Journalisten, an der er seine Leser teilhaben lässt.

Beispiel für Einstieg über Beobachtung

Als er 2008 kam, als er vor der Siegessäule in Berlin dazu einlud, gemeinsam die Welt zu erneuern, da hingen wir Deutschen an seinen Lippen. Er war unsere Hoffnung auf ein Amerika, in das man wieder gern reist, nach den düsteren Jahren von Bush, nach Abu Ghraib und den nackten Gefangenen. […]
Martin Knobbe, stern Nr. 25 vom 13. Juni 2013, S. 39.

Auch das Ende des Porträts verdient es, vom Autor besonders beachtet zu werden. Denn der *Ausstieg* sollte das Erzählstück abrunden nach dem schon wiederholt zitierten Motto: „Anfang und Ende reichen sich die Hände." Das kann gelingen, indem der Autor mit einer starken Szene, einem eindrucksvollen Zitat oder einer persönlichen Beobachtung endet.
Aus der Analyse von Porträts ergibt sich folgendes Grundgerüst:

Grundgerüst Porträt

Vorspann:
- fehlt meist in Kurzporträts,
- in großen Porträts: klare These.

Einstieg in Text:
- mit Szene/Anekdote,
- mit Zitat,
- mit Beobachtung.

Hauptteil:
Zeichnen eines objektiven, sorgfältig recherchierten und nuancenreichen Bildes des Porträtierten beruhend auf:
- Befragung des Porträtierten,
- Recherche in seinem privaten und beruflichen Umfeld (Freunde und Familie, Kollegen und Mitarbeiter),
- Recherche bei seinen Feinden, Gegnern und Widersachern,
- Archivrecherche,
- Einsatz von direkten und indirekten Zitaten,
- Einsatz von Szenen.

Die Charakterisierung muss die These stützen!

Ausstieg:
- geschlossen („Anfang und Ende reichen sich die Hände"),
- über Szene,
- über Zitat,
- über persönliche Beobachtung.

Ziel: Charakterisierung einer Person und Unterhaltung des Lesers.

2.8.2 Das Porträt – die Sprache

Als *erzählende* journalistische Darstellungsform will das Porträt eine bestimmte Person charakterisieren. Dazu verwendet der Autor Zitate, Szenen und eigene präzise Beobachtungen. Die Sprache ist kraftvoll, konkret und lebendig. Die Beschreibungen sind anschaulich und so objektiv wie möglich. Sprachbilder sowie direkte und indirekte Zitate können dazu beitragen, ein authentisches Bild der Persönlichkeit zu zeichnen. Jedes Porträt hat seinen eigenen Rhythmus, an dem sich auch die jeweilige Satzlänge orientiert. Bei der Wahl der Zeitformen ist der Autor frei. Oft dominieren das Präsens oder das erzählende Präteritum die Texte.

Checkliste Porträt

Sprache:
- konkret,
- anschaulich,
- lebendig,
- objektiv.

Wortwahl:
- kraftvolle Verben,
- präzise Substantive (Gattungsbegriffe vermeiden),
- dosierter Einsatz von ungeläufigen Begriffen.

Zitate:
- häufig,
- direkte und indirekte Zitate (ganze Sätze und ausgewählte Wörter).

Satzbau:
- längere und kürzere Sätze (Rhythmus),
- verständliche Sätze,
- Schachtelsätze vermeiden.

2.9   Das Interview

Auch das Interview gehört zu den *erzählenden* Textsorten. Wissenschaft, Journalismus und Alltagssprache verstehen unter einem Interview[5] eine *gezielte Befragung*. Der Duden definiert das Interview als eine „für die Öffentlichkeit bestimmte Unterhaltung zwischen (Zeitungs-)berichterstatter und einer meist bekannten Persönlichkeit über aktuelle Tagesfragen oder sonstige Dinge, die besonders durch die Person des Befragten interessant sind" (Duden Etymologie 1963, S. 210 ff. zit. nach Haller 2001, S. 124). Das Interview bezeichnet somit zunächst einmal eine Recherchetechnik. Der Journalist stellt Fragen. Sein Gegenüber antwortet. Erst wenn diese Befragung schriftlich festgehalten und der Öffentlichkeit zugänglich gemacht worden ist, verwandelt sich das Interview von einer Recherchetechnik in eine journalistische Darstellungsform. Haller führt in seinem Buch „Das Interview" fünf universelle Merkmale auf, die für jede Befragung charakteristisch sind (Haller 2001, S. 129):

---

[5] Laut Duden leitet sich das Wort „Interview" vom französischen Verb „entrevoir" ab, was so viel bedeutet wie „sich begegnen, treffen, einander (kurz) sehen". Ein „entreview" sei eine „verabredete Zusammenkunft" gewesen.

1. Die Befragung ist, damit sie als Dialog zustande kommt, auf verschiedene kulturell festgelegte Kommunikationsregeln und Konventionen angewiesen. Die wichtigste entstammt dem Persönlichkeitsrecht: Der Befragte darf die Antwort verweigern, ohne mit Sanktionen rechnen zu müssen.

2. Der Dialog basiert auf einer festen Rollenverteilung zwischen dem Fragenden, der wissen will, und dem, der Antworten geben soll. Diese Rollenverteilung wird von beiden Seiten anerkannt und prägt die kommunikative Beziehung.

3. Der Fragende führt den Dialog. Er verfolgt im Fortgang der Befragung eine Intention, die auf ein Informationsziel ausgerichtet ist.

4. Die Aussagen des Antwortenden sind eine Mischung aus mittelbar-sachlichen und unmittelbar-persönlichen Aspekten. Die Aussagen sind an die Fragesituation gebunden.

5. Die Kommunikation weist eine gewisse Verzerrung auf, indem der Fragende eine andere Intention verfolgt als der Antwortende. Zudem gehören Frage- und Antwort unterschiedlichen Wahrnehmungsfeldern an.

Jede Befragung ist ein Dialog. Deshalb ist der Journalist von seinem Interviewpartner abhängig. Wenn dieser nicht „mitspielt", weil er zum Beispiel schweigt, dann kommt das Interview nicht zustande. Zumal es keine formellen Sanktionsmöglichkeiten für ein unkooperatives Verhalten im Interview gibt.

Wichtig ist, dass sich der Interviewer immer die strikte Rollenaufteilung zwischen sich und dem Interviewten vor Augen hält. Seine Aufgabe ist es während des gesamten Interviews, *Fragen zu stellen*. Deshalb wäre es ein Kardinalfehler, wenn sich der Interviewer vom seinem Interviewpartner das Heft aus der Hand nehmen ließe. Gewiefte Interviewpartner versuchen immer wieder, den Fragenden aus der Reserve zu locken, indem sie Gegenfragen stellen. Auf solche Fragen darf der Interviewer nicht eingehen. Auch wenn es noch so verlockend wäre, die eigene Weltsicht auszubreiten. *Die Rollenverteilung ist nicht verhandelbar!*

Wer fragt, führt. Diesen Satz gilt es als Interviewer zu beherzigen. Denn ein journalistisches Interview ist kein Plausch nach dem Motto: Mal sehen, was so dabei herauskommt. Vielmehr ist ein Interview eine gezielte Befragung. Sie ist darauf ausgerichtet, dem Gegenüber bestimmte Informationen, Einschätzungen und Meinungen zu entlocken. Deshalb ist es elementar wichtig, dass sich der Interviewer seine Fragen genau überlegt. Oft versuchen trainierte Interviewpartner, die Befragung als Plattform für ihre eigene Agenda zu nutzen. Sie antworten nicht auf die Frage, sondern versuchen, ihre eigenen Themen und Botschaften zu platzieren. Diesen Versuchen muss der Interviewer Einhalt gebieten, indem er auf seiner Frage beharrt und immer wieder nachhakt.

Gerade wegen seiner typischen Merkmale eignet sich das Interview nicht für jedes Thema. Wenn es im Kern auf die objektiv-nüchterne Darstellung eines Sachverhaltes ankommt und weniger auf Menschen und deren subjektive Wertungen und Einschätzungen, dann eignet sich meist der Bericht besser als das Interview. Wenn der Autor komplizierte Sachverhalte erklären und Wissen vermitteln will, dann sind oft Bericht oder Feature die bessere Wahl.

► **Tipp:** Bevor Sie ein Interview vorbereiten, prüfen Sie zunächst sorgfältig, ob sich Ihr Thema für eine Befragung eignet. Das Interview ist oft nicht die passende Textsorte, wenn...
   ... es um die objektiv-neutrale Darstellung von Sachverhalten geht.
   ... Einschätzungen und Wertungen nicht benötigt werden.
   ... der Autor komplizierte Sachverhalte erklären will.
   ... der Artikel bezweckt, dem Leser Wissen zu vermitteln.

2.9.1 Das gegenstandszentrierte Interview

Wer die journalistische Darstellungsform des Interviews wählt, sollte sich immer wieder aufs Neue vor Augen führen, dass die Antworten des Interviewten meist entweder sehr subjektiv oder zumindest subjektiv gefärbt sind. Will der Autor lediglich sachlich-nüchtern über nachprüfbare Zahlen, Daten und Fakten berichten, dann sollte er sich besser den Geschäftsbericht oder die Bilanz eines Unternehmens besorgen, als auf die Aussagen seines Interviewpartners zu vertrauen.

Trotzdem sind auch sogenannte *gegenstandszentrierte Interviews* im Journalismus durchaus üblich. Ein solches Interview dient dem Zweck, bestimmte Vorgänge oder Ereignisse richtig einzuordnen und zu bewerten. So haben sich im praktischen Journalismus *Experten-Interviews* zu bestimmten Sachfragen bewährt. Im Folgenden lesen Sie ein Beispiel für ein Experten-Interview:

Verkehr
„Radfahrer sollten auch einmal zurückstecken"
Siegfried Brockmann, 54, Unfallforscher beim Gesamtverband der Deutschen Versicherungswirtschaft in Berlin, über Verkehrsunfälle mit Radfahrern

SPIEGEL:	Die Zahl der bei Unfällen getöteten Radfahrer in Deutschland sinkt. Ist das ein Zeichen erfolgreicher Verkehrspolitik?
Brockmann:	Keinesfalls. 417 Menschen kamen im letzten Jahr bei solchen Unfällen um. Jedes neunte Todesopfer im Straßenverkehr saß auf einem Rad. Das ist ein erschreckender Blutzoll.

SPIEGEL:	In vielen Städten gibt es Anstrengungen, die Zahl der Radfahrer zu erhöhen. Rechnen Sie deshalb mit einer Zunahme der Unfälle?
Brockmann:	Die derzeitigen Daten spiegeln diese Bemühungen jedenfalls noch nicht wider. Was wir jetzt anhand der Unfallzahlen sehen, sind die Defizite, die wir seit vielen Jahren in der Radverkehrsinfrastruktur mit uns herumschleppen.
SPIEGEL:	Spielt es eine Rolle, dass immer mehr Ältere auf dem Fahrradsattel sitzen?
Brockmann:	Ja, vor allem bei Alleinunfällen ohne weitere Beteiligte. Bei Unfällen mit Autos, an denen die Schuld den Radfahrer trifft, sind allerdings Jüngere besonders häufig vertreten.
SPIEGEL:	Was sollten Radfahrer beachten, damit sie sicherer durch den Straßenverkehr kommen?
Brockmann:	Sie müssen wissen, dass sie bei der derzeitigen Infrastruktur oft kaum zu sehen sind. Deshalb sollten sie im Zweifelsfall lieber übervorsichtig sein und auch einmal zurückstecken.

Der Spiegel 24/2013 vom 10. Juni 2013, S. 107.

Daneben setzen Journalisten das *gegenstandszentrierte Interview* ein, wenn sie sich für *subjektive Wahrnehmungen* von Augenzeugen oder Beteiligten an einem Geschehen interessieren. Zum Beispiel befragen sie Unfallzeugen nach ihren Beobachtungen vor Ort. Oder sie interviewen Betroffene, die den Hochwasserfluten entkommen sind. Oder sie befragen wie im folgenden Beispiel den Intendanten des Klavierfestivals Ruhr Franz Xaver Ohnesorg. Denn er hat miterlebt, wie ein bedeutender Pianist die Bühne verlassen hat, weil er sich durch das Handy eines Zuschauers gestört fühlte.

Beispiel für gegenstandszentriertes Interview/Augenzeugen-Interview

Klassik

„Das ist Diebstahl"

Franz Xaver Ohnesorg, 65, Intendant des Klavierfestivals Ruhr, über ein Konzert mit dem polnischen Pianisten Krystian Zimerman, der sich vergangene Woche in Essen durch einen Zuschauer mit Handy gestört fühlte.

SPIEGEL: Herr Ohnesorg, Krystian Zimerman hat sein Konzert unterbrochen und die Bühne verlassen, weil ein Herr mit Handy von der Empore seinen Auftritt gefilmt hat. Kommt das öfter vor?

Ohnesorg: Beim Klavierfestival Ruhr war es das erste Mal, wobei man über diesem Vorfall nicht vergessen sollte, dass das Konzert bis dahin schlichtweg grandios war und Krystian Zimerman in seiner unglaublichen Konzentration alle in seinen Bann schlug. Dass jemand in einer solchen Aura einen Künstler durch eine illegale Aufnahme regelrecht bestiehlt, ist mir unbegreiflich.

SPIEGEL: Der Pianist beklagte sich auf dem Podium, dass er schon durch Mitschnitte seiner Auftritte, die auf YouTube stehen, Plattenverträge verloren habe. Ist das glaubwürdig?

Ohnesorg: Er hat das so gesagt. Ich habe noch nachts auf YouTube nach solchen Zimerman-Filmen gesucht und war entsetzt darüber, was da alles zu finden ist. Das ist schlicht Raub, Diebstahl.

SPIEGEL: Was werden Sie unternehmen?

Ohnesorg: Wir gehen davon aus, dass es sich um einen Einzelfall handelt und setzen auch in Zukunft auf die Einsicht des Publikums. Von Ermahnungen per Lautsprecherdurchsage halte ich persönlich nichts, denn dadurch wird die besondere Atmosphäre vor einem Konzert doch recht banalisiert.
Der Spiegel 24/2013 vom 10. Juni 2013, S. 117.

2.9.2   Das personenzentrierte Interview

Neben dem gegenstandszentrierten Interview kennt der praktische Journalismus das *personenzentrierte Interview*. Dabei steht eine bestimmte für die Öffentlichkeit interessante Person im Mittelpunkt. Sie selbst ist das Thema des Interviews. Ziel der Befragung ist es, das Gegenüber, seine Lebensweise, Ansichten und Vorstellungen näher zu beleuchten oder aus einem anderen Blickwinkel kennenzulernen. Oft nehmen Journalisten Handlungen (neues Buch, neuer Film), Erlebnisse (Reise) oder Entwicklungen (neues Betätigungsfeld) aus dem Leben eines Prominenten als Aufhänger für ihr Interview. Hier ein Auszug aus einem personenzentrierten Interview, das die Zeitschrift „stern" mit der Sängerin und Fernsehmoderatorin Ina Müller geführt hat.

Beispiel für personenzentriertes Interview

Im Bett mit …

… Ina Müller

Sie hat es eilig, Ina Müller hat es immer eilig. Isst im Gehen, eine Frikadelle auf Pappe mit Senf, „tschuldigung' …". **In den nächsten Tagen kommt die 47-jährige Kabarettistin mit neuen Folgen ihrer preisgekrönten Show „Inas Nacht" zurück ins Fernsehen. Wir treffen sie im Hotel „Superbude" in Hamburg. Nach einer halben Stunde hat sie in den Entspannungsmodus umgeschaltet und liegt im seidenen Morgenmantel mit ihrem Teddy zufrieden im Bett. Es kann losgehen.**

Wenn Ihr Liebesleben ein Stück Musik wäre, dann…

… wäre es in den Charts ganz weit vorn.

Neben wem oder was möchten Sie niemals aufwachen?

Neben dem Falschen.

Was bedeutet das Bett für Sie?

Ich trinke morgens meinen Kaffee im Bett. Ich telefoniere gerne im Bett, ich lese meine Zeitung online im Bett, und am liebsten schlafe ich acht bis neun Stunden, sonst bin ich müde, heißt unausgeglichen, heißt unausstehlich. Ich habe gelesen, Tina Turner schläft schon seit 100 Jahren so lange. Das Ziel muss sein, mit 80 Jahren so konserviert fresh auszusehen wie Frau Tina. […] Klaudia Thal, stern Nr. 25 vom 13. Juni 2013, S. 127.

2.9.3 Das personenzentrierte Sachinterview

Als weitere Variante kennt der praktische Journalismus das *personenzentrierte Sachinterview*. Es ist eine Mischform zwischen personenzentriertem und gegenstandszentriertem Interview. Thema dieser Interviewform ist die *Beziehung* zwischen einer *Person* und einer *Sache* oder einem *Ereignis*. Das Interview beschäftigt sich mit der Frage, wie ein *bestimmtes Ereignis* das Denken und Handeln einer *bestimmten Person* prägt und beeinflusst. Mit einem personenzentrierten Sachinterview kann es dem Autor gelingen, den Menschen hinter den Taten zu charakterisieren. Oft kommen dabei Prominente zu Wort. Denn sie stehen in der Öffentlichkeit. Ihr Denken und Handeln interessiert die Allgemeinheit. Daneben wählen Journalisten auch häufig Menschen als Interviewpartner, die sich gesellschaftlich oder politisch engagieren, selbst wenn ihre Bekanntheit über die „Fachcommunity" oder die eigene Region nicht hinausreicht. Die Gründe für das Engagement dieser Persönlichkeiten liegen oft in ihrer eigenen Biografie. Wie bei Mercedes Merono, der Vizepräsidentin der „Madres de Plaza de Mayo" – einer argentinischen Menschenrechtsorganisation, die gegen das Verschwinden von über 30.000 Menschen während der Herrschaft der Militärjunta unter General Jorge Rafael Videla protestiert. Seit mehr als 30 Jahren drehen Frauen der Organisation in der argentinischen Hauptstadt Buenos Aires jeden Donnerstag auf der „Plaza de Mayo" vor dem Präsidentenpalast ihre Runden um einen Obelisken. Damit demonstrieren sie gegen das Verschwinden ihrer Kinder. Mittlerweile sind diese mutigen Frauen zum Symbol der Zivilcourage und des Widerstands in Argentinien geworden. Lesen Sie dazu einen Auszug aus einem Interview mit der „mutigen Mutter" Mercedes Merono!

Beispiel für personenzentriertes Sachinterview

Wir halten unsere Kinder lebendig
Fragen an Mercedes Merono, Vizepräsidentin der „Mütter von der Plaza de Mayo"

Publik-Forum: Wie kam es dazu, dass Sie als Hausfrauen den Schritt vom „Herd" auf die Plaza de Mayo wagten?

Merono: Unsere Kinder waren verschwunden. Da sind wir in unserer Verzweiflung zu verschiedenen Ministerien und zur Kirche gegangen. In der Hoffnung, dort Hilfe zu bekommen. Schnell haben wir aber gemerkt, dass sie uns dort nicht die Wahrheit sagen. Daraufhin haben wir gemeinsam einen Brief an den Präsidenten geschrieben. Natürlich ist nichts passiert.

Publik-Forum: Und dann?

Merono: Wir wollten gesehen und gehört werden. Deshalb sind wir auf die Plaza de Mayo gegangen, den Platz direkt vor der Casa Rosada, dem Präsidentenpalast. Dort haben wir gestanden und stumm protestiert.

Publik-Forum: Die Polizei wollte das doch sicher verhindern?

Merono: Ja, die Polizei ist aufmarschiert, hat uns geschlagen und versucht, uns wegzujagen. Sie haben gerufen: „Lauft, lauft!" Wir sind gelaufen. Immer um das Denkmal auf der Plaza de Mayo herum. Und das ist der Grund, warum wir noch heute laufen.

Publik-Forum: Sie laufen ja bis heute jeden Donnerstag um dieselbe Uhrzeit …

Merono: … Ja, dadurch halten wir unsere Kinder lebendig. Wir sind stolz auf sie. Denn sie waren Revolutionäre.

Publik-Forum: Dabei tragen Sie immer weiße Kopftücher. Warum?

Merono: Ursprünglich waren das Stoffwindeln. Wir haben die erste Windel unserer verschwundenen Kinder genommen und

	diese als Kopftuch aufgesetzt. Heute ist das weiße Tuch unser Identifikationsmerkmal.
Publik-Forum:	Während der Militärdiktatur herrschte Staatsterror.
Merono:	Ja, wir wurden geschlagen, gefoltert und eingesperrt. Am Anfang sind drei Mütter verschwunden. Sie wurden entführt, in ein KZ gebracht, gefoltert und ermordet. Ihre Leichen wurden ins Meer geworfen.
Publik-Forum:	Trotz all dieser staatlichen Repression haben Sie Ihren Kampf nicht aufgegeben. Der Militärputsch ist jetzt 30 Jahre her. Was sind Ihre größten Erfolge?
Merono:	Am Anfang wurden wir diskriminiert. Die Leute haben „Terroristen" an unsere Türen geschmiert. Den Folterern hingegen passierte nichts. Sie liefen frei herum. Aber wir haben uns nicht einschüchtern lassen. Mittlerweile hat sich das geändert. Die Folterer können nicht mehr auf die Straße gehen. Das Volk verachtet sie. Wenn sie essen gehen, stehen die Leute auf und gehen weg. Was die Justiz versäumt hat, hat das Volk gemacht. […]
	Kerstin Liesem, Publik-Forum 6/2006 vom 24. März 2006, S. 11.

2.9.4   Das Interview – der Aufbau

Der praktische Journalismus kennt zwei verschiedene Interview-Formen: das *Wortlautinterview* und das *gebaute Interview*.

2.9.4.1   Das Wortlautinterview

Wie der Name schon erahnen lässt, handelt es sich beim *Wortlautinterview* um einen Text, der die Befragung im *Wortlaut* wiedergibt, also genau so, wie sie tatsächlich stattgefunden hat. Diese Interview-Form ist die authentischste. Sie hat außerdem einen entscheidenden Vorteil für den Journalisten: Er braucht sich keine Gedanken über den Aufbau des Interviews zu machen. Er muss lediglich seine Fragen und die Antworten des Interviewpartners aufschreiben. Diese Technik hat jedoch auch Nachteile. Wortlautinterviews sind oft unstrukturiert und verwirren oder langweilen den Leser. Denn viele Gesprächspartner antworten langatmig, schweifen vom Thema ab oder antworten nicht auf die gestellten Fragen. Das Ignorieren der Fragen ist vor allem bei geübten Interviewpartnern eine beliebte Methode, um eigene Themen zu setzen und eigene Botschaften zu senden.

Wegen dieser Nachteile setzen viele Journalisten das Wortlautinterview dosiert und mit Bedacht ein – vor allem für kurze Befragungen wie das Interviewformat *Vier Fragen – vier Antworten an ...*, wenn ein Experte zu Wort kommen soll.

Kurze Wortlautinterviews finden sich häufig auf den Meldungsseiten von Zeitschriften. Außerdem ergänzen sie Berichte und Features um Expertenmeinungen. Dann stehen sie oft in einem Kasten und enthalten ein Porträtfoto des Interviewpartners. Als Überschrift wählen Journalisten meist ein besonders griffiges Zitat des Interviewten (*Zitatüberschrift*). In manchen Redaktionen ist die Zitatüberschrift der journalistischen Darstellungsform „Interview" vorbehalten. Das hat den Vorteil, dass der Leser auf den ersten Blick erkennen kann, dass es sich um ein Interview handelt. Dem Interview vorangestellt ist oft ein kurzer Vorspann, der Interviewpartner und Thema vorstellt.

Natürlich dürfen und sollten Autoren in gewissem Umfang auch Wortlautinterviews bearbeiten. Im Leserinteresse sollten sie sprachliche Unebenheiten glätten sowie Redundanzen und Wiederholungen streichen. Außerdem müssen sie den Text von Füllwörtern und Verlegenheitsfloskeln wie „ähm" oder „äh" befreien. Daneben können sie umgangssprachliche Begriffe tilgen, die nicht jeder Leser versteht. Lesen Sie jetzt ein Beispiel eines Wortlautinterviews, das im Nachrichtenmagazin „Der Spiegel" erschienen ist:

Beispiel für ein Wortlautinterview

Polizei: „Das ist politischer Schwachsinn"
Der Berliner Landesvorsitzende der Deutschen Polizeigewerkschaft, Bodo Pfalzgraf, 49, kritisiert die neue Vorschrift, dass Polizisten im Dienst Parkgebühren zahlen sollen.

SPIEGEL:	Müssen Ihre Kollegen ab sofort immer Kleingeld dabeihaben?
Pfalzgraf:	Das Land Berlin darf von seinen Beamten nicht verlangen, dass sie ständig Münzen mitführen, weil das keine dienstliche Pflicht ist.
SPIEGEL:	Wie wird die Verbrecherjagd dann künftig aussehen?
Pfalzgraf:	Wenn es eilbedürftige Einsätze sind, dann kann die Polizei jederzeit und überall halten. Das ist nicht der Punkt. Aber ein normaler Auffahrunfall mit Blechschaden zum Beispiel: Da ist es so, dass sich die Polizisten einen Parkplatz suchen und in einer Zone mit Parkautomaten ein Ticket ziehen müssen. Das kann schon mal eine halbe Stunde dauern, wenn im Umkreis gerade nichts frei ist.
SPIEGEL:	Gleiches Recht für alle.

Pfalzgraf: Wir fahren mit einem Funkwagen doch keine Pizza aus, sondern erledigen Aufgaben für das Gemeinwohl. Ich habe aus ganz Europa noch nie ein derartiges Beispiel gehört. Das ist doch politischer Schwachsinn.

SPIEGEL: Und wer zahlt die Tickets der Beamten?

Pfalzgraf: Verauslagtes Geld für Parkscheine muss der Beamte schriftlich einfordern, indem er dazu Stellung nimmt, warum er geparkt hat und warum er Geld ausgegeben hat. Dann muss das abgezeichnet werden, und nach vier Wochen bekommt er sein Geld vielleicht wieder. Ein Knöllchen muss er selbst bezahlen, wenn es keinen Rechtfertigungsgrund für das Parken gab.

Der Spiegel Nr. 15 vom 8. April 2013, S. 16.

Wer sich kurze Wortlautinterviews genauer anschaut, kann folgendes Grundgerüst erkennen:

Grundgerüst Wortlautinterview

Überschrift:
- meist aussagekräftiges, griffiges Zitat des Interviewten.

kurzer Vorspann:
- knappe Vorstellung von Interviewpartner und Thema.

Befragung:
- meist einige kurze W-Fragen,
- Wiedergabe der Antworten im Wortlaut.

Zusätzlich: kleines Porträtfoto des Interviewpartners.

Ziel: Das Wortlautinterview will den Leser informieren, indem es ihm Meinungen, Einschätzungen und Einordnungen – oft von Experten – vermittelt.

2.9.4.2 Das gebaute Interview

Die meisten längeren Interviews in Zeitungen, Zeitschriften oder Online-Medien sind *gebaute Interviews*. Das bedeutet: Der Autor hat den Text nachträglich bearbeitet. Er hat ihm eine Dramaturgie gegeben. Möglicherweise hat er es für notwendig gehalten, die Reihenfolge der Fragen umzustellen. Oder er hat Fragen und/ oder Antworten gestrichen, die den Lesefluss gestört oder vom Thema abgelenkt hätten. Möglicherweise hat er allzu lange Antworten des Interviewpartners „aufgebrochen". Dann hat er zusätzliche Fragen eingeschoben wie zum Beispiel „Was bedeutet das?" oder „Wie ist das zu verstehen?".

Bei längeren Interviews kommt es entscheidend auf den Rhythmus des Textes an. Deshalb muss der Autor die Länge von Fragen und Antworten variieren. *Variatio delectat* – Abwechslung erfreut. Das wussten schon die Römer. Kurze Fragen und sehr lange Antworten können für den Leser schnell langweilig werden mit der Folge, dass er den Text zur Seite legt. Denselben Effekt können sehr lange Fragen haben, zumal diese oft nur einem einzigen Zweck dienen: Der Interviewer will sein Wissen zur Schau stellen.

Typisch für das gebaute Interview ist außerdem, dass der Autor erklärungsbedürftige Äußerungen des Interviewten in einem eigenen „Einwurf" aufgreifen und erläutern kann. Wenn der Interviewpartner beispielsweise eine Person und deren Funktion erwähnt, die nicht jeder Leser kennt, so kann der Autor dem Leser das nötige Wissen in einem „Einwurf" vermitteln. Wie das funktioniert, zeigt das folgende Beispiel im grau unterlegten Abschnitt.

Beispiel für eigenen Einwurf

[…]

Schmidt: Ahlers rief eines Abends im Herbst 1962 an und fragte, ob er mich mal wegen eines Artikels sprechen könne. Es pressiere, der Text müsse am nächsten oder übernächsten Tag in den Druck. Ich bot Ahlers an, er könne gegen 22 Uhr vorbeikommen. Vorher ging es nicht.

SPIEGEL: *Ahlers war wie Sie Kriegsoffizier gewesen, später dann als Pressereferent im „Amt Blank" tätig, dem Vorläufer des Verteidigungsministeriums. Er arbeitete 1962 mit Schmelz an der Titelgeschichte „Bedingt abwehrbereit", in der er die Militärpolitik von Strauß einer tiefgreifenden Überprüfung unterzog. Wonach hat Ahlers gerade den Hamburger Innensenator gefragt?* […]

Interview mit Ex-Bundeskanzler Helmut Schmidt, Der Spiegel 39/2012 vom 24. September 2012, S. 74.

Genauso wie beim Wortlautinterview sind auch beim gebauten Interview die Überschrift, der Vorspann sowie der Einstieg und der Ausstieg von großer Bedeutung. Der Autor überschreibt sein gebautes Interview in der Regel mit einem Zitat des Interviewpartners. Dieses sollte kurz und „knackig" sein und den Leser zum Weiterlesen motivieren. Der Vorspann enthält die wichtigsten Informationen zum Thema und zum Interviewten. Außerdem kann der Autor kurz die Meinung des Gesprächspartners umreißen. Die erste Frage und die erste Antwort sollten so interessant sein, dass sie den Leser in den Text hineinziehen. Der Ausstieg muss das Interview abrunden.

Oft ist das gebaute Interview ergänzt um ein großes Foto des Interviewpartners, das ihn in einer Gesprächssituation zeigt oder in einer für ihn typischen Haltung oder Pose oder an seiner Wirkungsstätte. Lesen Sie jetzt ein Beispiel für ein gebautes Interview:

Beispiel für ein gebautes Interview

„Golfen ist der Tanz mit dem eigenen Ego"

Rainer J. Schaetzle, Top-Manager und Autor des Buches: „Warum Golfer die besseren Manager sind" über die Frage, wie Führungskräfte vom Golfspielen profitieren können.

Eurofondsxpress:	Herr Schaetzle, in Ihrem neuen Buch stellen Sie die These auf, dass Golfer die besseren Manager seien. Wie kommen Sie darauf?
Rainer J. Schaetzle:	Golf ist die beliebteste Sportart unter Managern aus Politik und Wirtschaft weltweit. Auch Barack Obama ist passionierter Golfspieler. Erst kürzlich hat das „Weiße Haus" die 100. Runde des Präsidenten seit seinem Amtsantritt 2009 bestätigt. Es muss einen Grund haben, dass so viele erfolgreiche Menschen Golf spielen. Dieses Phänomen wollte ich genauer untersuchen.
Eurofondsxpress:	Und dann sind Sie dem Geheimnis auf den Grund gegangen?
Schaetzle:	Bei meinen Recherchen habe ich herausgefunden, dass es eine unmittelbare Verbindung zwischen dem Handicap eines Vorstandsvorsitzenden und dem Erfolg seines Unternehmens gibt.
Eurofondsxpress:	Das ist ja hochinteressant. Ob das stimmt, würde ich gerne hier und jetzt überprüfen. Welches Handicap hat Josef Ackermann?

Schaetzle:	So genau kann man das natürlich nicht sagen. Aber die New York Times hat in der Tat die Golf-Handicaps amerikanischer Vorstandsvorsitzender mit der Börsenperformance der jeweiligen Unternehmen verglichen. Dabei hat sich herausgestellt, dass ein niedriges Handicap des CEOs immer auch mit einer besseren Performance des jeweiligen Unternehmens verbunden war. [...]
Eurofondsxpress:	Das ist ein überraschendes Ergebnis. Woran liegt es dann Ihrer Meinung nach, dass Golfspieler die besseren Manager sind?
Schaetzle:	Das habe ich mich natürlich auch gefragt. Dabei sind zwei Erklärungsansätze möglich. Der erste: Wenn der Top-Manager eines Unternehmens passioniert Golf spielt, dann kann er während dieser Zeit nicht in seiner Firma sein. Für seine Mitarbeiter heißt das wiederum, dass sie endlich Zeit haben, selbstständig die Dinge zu tun, die wirklich notwendig sind.
Eurofondsxpress:	Das würde ja nicht unbedingt für den CEO sprechen ...
Schaetzle:	... das stimmt. Deshalb neige ich auch eher zu einem anderen Erklärungsansatz: Unternehmenschefs, die Golf spielen, sind entspannter und kreativer. Außerdem können sie effektiver mit Stress und neuen, nicht vorhergesehenen Situationen umgehen.

Interview mit Buchautor Rainer J. Schaetzle, Jörn Kränicke, Eurofondsxpress 39/2012, S. 11.

Aus der Analyse vieler gebauter Interviews ergibt sich das folgende Grundgerüst, an dem sich der Autor orientieren kann.

Grundgerüst gebautes Interview
Überschrift:
- aussagekräftiges und griffiges Zitat des Interviewpartners.   •

kurzer Vorspann:
- kurze Vorstellung des Interviewpartners,
- kurze Vorstellung des Themas,
- kurzes Anreißen der Meinung des Interviewpartners.

Einstieg:
- Wahl einer interessanten Einstiegsfrage mit dem Ziel, zum Weiterlesen zu motivieren.

Interview:
Aufbau folgt der gewünschten Dramaturgie:
- Verändern der Reihenfolge von Fragen und Antworten,
- Varianz in Länge von Fragen und Antworten,
- Aufbrechen zu langer Antworten durch Einfügen von Zwischenfragen und Einwürfen,
- strukturierter Aufbau (d. h. Fragen und Antworten bauen aufeinander auf).

Ausstieg:
- rundet das Interview ab.

Zusätzlich: großes Foto des Interviewpartners in der Gesprächssituation in einer für ihn typischen Haltung oder an seiner Wirkungsstätte.

Ziel: Der Autor will dem Leser eine Persönlichkeit und deren Meinungen, Einschätzungen und Wertvorstellungen näherbringen und ihn unterhalten.

2.9.5 Das Interview – die Autorisierung

Auch wenn dieses Buch vor allem Aufbau, Stil und Sprache verschiedener Textsorten behandelt, so seien dennoch einige Worte zur *Autorisierung* von Interviews gesagt. Denn wer Interviews führt, sollte das Thema Autorisierung immer im Hinterkopf haben. Vor allem deshalb, weil die Abstimmung immer wieder für Zündstoff sorgt. So kommt es in der Praxis häufig vor, dass Interviewpartner oder deren Presseabteilungen Antworten streichen oder so verändern, dass Schärfe und Prägnanz verloren gehen.

Ab und zu zieht der Interviewpartner oder die Institution, die er repräsentiert, das Interview ganz zurück. Ein Beispiel dafür ist das Interview, das „Zeit Online" im Jahr 2010 mit dem Fußballmanager Oliver Bierhoff geführt hat und das der Deutsche Fußball-Bund später zurückgezogen hat. „Zeit Online" veröffentlichte daraufhin nur die Fragen des Interviews unter dem Titel: „Sympathisch, aber selbstzensierend".[6] Ähnlich ging das Handelsblatt im Jahr 2011 mit einem Gespräch mit Baudoin Prot um. Der Chef der französischen Bank BNP Paribas hatte seine Antworten zunächst komplett umschreiben lassen, um sie später ganz zurückzuziehen.[7]

Diese Beispiele zeigen: Autorisierungen können zu Konflikten führen. Wäre es deshalb nicht besser, ganz auf Abstimmungen zu verzichten? Muss der Journalist Interviews überhaupt abstimmen? Grundsätzlich kommt es auf die *Vereinbarung* zwischen dem *Journalisten* und seinem *Interviewpartner* an. So kann der *Autor* darauf bestehen, dass das Interview nicht autorisiert werden darf. Lässt sich der Interviewpartner auf diese Abmachung ein, dann können die Parteien auf den oft zeit- und kräfteraubenden Abstimmungsprozess verzichten.

Umgekehrt kann der *Interviewpartner* in einem Vertrag die Bedingungen festlegen, unter denen er einem Interview zustimmt. Wenn sich der Journalist darauf einlässt, muss er sich später auch daran halten.

Grundsätzlich bedürfen solche Verträge nicht der Schriftform. Sie können auch mündlich geschlossen werden. Allerdings ist es aus Beweisgründen sicherer, Verträge schriftlich zu schließen – insbesondere dann, wenn ihr Inhalt stark von branchenüblichem Verhalten abweicht.

Was aber, wenn die Interviewpartner nichts vereinbart haben? Dann sollte sich der Journalist an die Gepflogenheiten der Branche halten. Dazu gehört, dass lediglich *redaktionell bearbeitete Interviews* autorisiert werden müssen. Das bedeutet in der Praxis: Journalisten müssen Wortlaut-Interviews nicht abstimmen, wenn sie diese lediglich *sprachlich geglättet* haben. Anders sieht es bei *gebauten Interviews* aus. Denn diese hat der Autor redaktionell bearbeitet. Abstimmen muss der Journalist jedoch nur die *Antworten des Interviewten*. Seine Fragen sind bei der Abstimmung für den Interview-Partner tabu. Der Interviewte hat kein Recht darauf,

---

[6] http://www.zeit.de/sport/2010-07/bierhoff-interview-stenger-presse-autorisierung (letzter Abruf: 28. Juli 2014).

[7] http://www.handelsblatt.com/unternehmen/banken/interview-mit-bnp-chef-prot-koennen-sie-nachts-noch-ruhig-schlafen/4745180.html (letzter Abruf: 30. Juli 2014).

diese zu verändern. Darüber hinaus hat der Deutsche Journalisten Verband (DJV) *Leitlinien* veröffentlicht, an denen sich Journalisten beim Thema Autorisierung orientieren können:

Leitlinien des DJV[15]

1. Journalistinnen und Journalisten haben die Pflicht, Interview-Äußerungen korrekt wiederzugeben und nicht sinnentstellend zu kürzen. Eine vom Interviewpartner genehmigte Tonaufzeichnung dient der notwendigen Klarheit.

2. Der Interviewte kann die Autorisierung eines mit ihm geführten Interviews fordern. Dieser Anspruch beschränkt sich auf redaktionell bearbeitete Wort-Interviews. Komplette Beiträge oder indirekt wiedergegebene Zitate aus Rechercheanfragen sind nicht betroffen.

3. Art und Umstände von Autorisierungen sollte die Redaktion in redaktionellen Leitsätzen festhalten und diese dem Interviewten rechtzeitig vor Gesprächsbeginn zur Kenntnis geben. Davon ggf. abweichende Vereinbarungen werden vor dem Interview festgehalten.

4. Autorisierungen dienen der sachlichen Korrektheit, der Sinnwahrung und der sprachlichen Klarheit. Änderungen müssen sich darauf beschränken.

5. Der Interviewte hat kein Recht, Fragen des Interviewers nachträglich abzuändern. Die Redaktion akzeptiert solche Eingriffe nicht.

6. Nachträgliche Änderungen des Interviewten, die die Authentizität des Interviews oder einen wesentlichen Aussagegehalt konterkarieren, können von der Redaktion abgelehnt werden. Die Redaktion versucht argumentativ Einvernehmen mit dem Interviewpartner herzustellen. Gelingt dies nicht, sollte sie auf den Abdruck des Interviews verzichten. Sie behält sich vor, dies öffentlich zu machen. Im besonderen Einzelfall kann das öffentliche Informationsinteresse den Abdruck einer zurückgenommenen Aussage rechtfertigen.

7. Redaktionen entscheiden über das Mittel der Darstellung. Schriftliche Antworten auf vorab eingereichte Fragen können ein aktuelles Informationsbedürfnis erfüllen, ersetzen aber kein persönliches Interview. Da dieses von Spontaneität lebt und sich inhaltlich im Gespräch ent-

---

[8] http://www.journalist.de/ratgeber/handwerk-beruf/tipps-fuer-den-berufsalltag/leitlinien-fuer-die-interview-autorisierung.html (letzter Abruf: 28. Juli 2014).

wickelt, kann es sich nicht auf vorab eingereichte Fragen beschränken. Mehr als die Absprache von Themengebieten sollte daher im Vorhinein nicht zugesichert werden.

8. Vorgefertigte Interviews aus Pressestellen („kalte Interviews") können als Hintergrundmaterial dienen. Sie als eigene Interviews zu publizieren widerspricht der journalistischen Ethik. Im Sinne der journalistischen Glaubwürdigkeit macht die Redaktion jene Umstände transparent, unter denen ein Interview zustande kam (schriftlich, telefonisch oder im Pressegespräch). Insbesondere täuscht der Interviewer keine persönliche Begegnung mit dem Interviewpartner und/oder Exklusivität vor.

9. Die Redaktion kann das Interesse an der Form des Interviews steigern, indem sie Dritte (Fachleute, Prominente, Leser/innen, Jugendliche) auf der Seite der Interviewer teilhaben und Fragen stellen lässt. Für ihre Beteiligung gelten die gleichen Regeln.

2.9.6   Das Interview – die Sprache

Das Interview ist eine *erzählende* Textsorte. Mit einem Interview möchte der Journalist seinem Leser eine Persönlichkeit, deren Meinung, Einschätzungen und Wertorientierung näherbringen.

Oberstes Ziel muss deshalb eine gut verständliche Sprache sein, die zum Interviewpartner passt. Der Leser sollte das Gefühl haben, dass der Interviewte die Antworten auch wirklich so gegeben hat, wie sie abgedruckt sind. Deshalb empfiehlt es sich für den Autor, sich stark an die gesprochene Sprache anzulehnen, ohne jedoch deren Füllfloskeln zu übernehmen. Der Journalist sollte von allem absehen, was den Text unverständlich machen könnte. Dazu gehören neben ungeläufigen Begriffen, Fach- und Fremdwörtern auch allzu lange Sätze, Verschachtelungen und zu ausführliche Einschübe. Meist benötigt der Autor nur ein Standardrepertoire an Verben und Substantiven. Adjektive setzt er dosiert ein.

Checkliste Interview

Sprache:

- geläufig,
- an gesprochene Sprache angelehnt,
- authentischer Sprachduktus (d. h. die Sprache muss zum Interviewpartner passen).

Wortwahl:

- Standardrepertoire an Verben,
- Standardrepertoire an Substantiven (meist sind Gattungsbegriffe ausreichend),
- dosierter Einsatz von Adjektiven,
- geläufige Begriffe,
- Fremdwörter und Fachtermini möglichst vermeiden.

Satzbau:

- Verständlichkeit oberstes Gebot,
- möglichst kurze Sätze,
- Schachtelsätze und Einschübe vermeiden.

2.10 Der Kommentar

Der Kommentar ist *die* meinungsbetonte Textsorte. Leiter, Meinung, Analyse, Lokalspitze oder Zwischenruf: Verschiedene Redaktionen haben unterschiedliche Namen für ihre Kommentare.[9] Trotz dieser Namensvielfalt bleibt die Funktion immer dieselbe. Anders als bei tatsachenbetonenden und erzählenden journalistischen Darstellungsformen darf und muss der Autor beim Kommentar Farbe bekennen. Er muss urteilen, bewerten, Stellung beziehen und kritisieren. Damit trägt der Journalist dazu bei, die öffentliche Aufgabe der Presse zu erfüllen – wie sie in § 3 der Landespressegesetze normiert ist. Denn dort heißt es:

> Die Presse erfüllt eine öffentliche Aufgabe, wenn sie in Angelegenheiten von öffentlichem Interesse Nachrichten beschafft und verbreitet, *Stellung nimmt, Kritik übt* oder auf andere Weise an der Meinungsbildung mitwirkt.

Der Kommentar soll dem Leser dabei helfen, sich im täglichen Informationsdschungel zurechtzufinden. Er soll Orientierung bieten, indem er Informationen einordnet, gewichtet und bewertet. In der Praxis sind Kommentare häufiger in

---

[9] Die Frankfurter Allgemeine Zeitung bezeichnet alle Kommentare als Glossen.

Printpublikationen als in Online-Medien zu finden. Der Grund: Die Stärke von Online-Medien ist ihre Schnelligkeit. Deshalb dominieren in ihnen tatsachenbetonende Textsorten, in denen es um die Vermittlung von Nachrichten geht. Zeitungen und Magazine haben hingegen die Aufgabe übernommen, diese Neuigkeiten einzuordnen und zu bewerten. In der Regel gibt es dabei eine Arbeitsteilung zwischen Tageszeitungen und Zeitschriften: Während sich Erstere vor allem zu tagesaktuellen Fragen äußern, nehmen Magazinjournalisten eher längerfristige Entwicklungen und Trends in den Blick.

Der Kommentar darf und muss polarisieren. Deshalb sollte der Autor den Mut aufbringen, klar Farbe zu bekennen. Sowohl/als-auch-Kommentare tun zwar keiner Partei richtig weh – die ureigene Aufgabe eines Kommentars erfüllen solche Texte jedoch nicht. Denn beim Kommentar ist „klare Kante" gefragt. Der Autor soll seine Meinung äußern. Das gibt ihm jedoch keinen Freibrief für Totschlagargumente, Polemik und plumpe Beschuldigungen. Vielmehr muss er argumentieren und begründen. Sinn und Zweck eines Kommentars ist es auch nicht, Nachrichten zu paraphrasieren, obwohl dies oft zu beobachten ist. Diese Vorgehensweise zeigt: Der Autor kann oder will nicht wirklich Stellung nehmen. Deshalb erzählt er die Nachricht mit seinen eigenen Worten nach und gibt das Ganze als Kommentar aus. Was dabei herauskommt, ist kein Text, der den Namen Kommentar verdienen würde. Denn im Kommentar wirbt der Autor für seine eigene Meinung und kann den Leser im Idealfall sogar davon überzeugen. Zugegeben, das ist das Ideal. In der Realität wird es ein Kommentator schwer haben, einen Leser von einer Ansicht zu überzeugen, die dessen Weltbild diametral entgegensteht. Wahrscheinlich wird der Leser einen solchen Kommentar nicht einmal zu Gesicht bekommen. Denn Leser greifen in der Regel zu dem Medium, das ihnen weltanschaulich nahesteht.

Der praktische Journalismus kennt verschiedene Kommentar-Formen. So gibt es zum Beispiel den *Pro-und-Kontra-Kommentar*. Darin setzt sich der Autor ausführlich mit dem „Für und Wider" auseinander, stellt beide Ansichten gegeneinander und gewichtet sie. Danach kommt er zu einem Ergebnis. Pro-und-Kontra-Kommentare folgen dem dialektischen Modell, das aus These, Antithese und Synthese besteht. Diese Art, zu kommentieren, nimmt viel Platz in Anspruch. Deshalb ist sie in Zeitungen und Magazinen vor allem für politische und gesellschaftliche Phänomene oder Ereignisse reserviert, deren Bedeutung über den Tag hinausreicht.

Im täglichen Geschäft des Journalisten dominiert der *Geradeaus-Kommentar*. Darin vertritt der Autor eine Meinung und unterfüttert diese mit Argumenten. Diese Kommentar-Form favorisieren Redaktionen dann, wenn sie für einen Text nur wenige Zeilen Platz haben.

Eine besondere Ausformung des Kommentars ist die *Kolumne*. Gemeint ist damit ein kurzer Meinungsbeitrag einer bestimmten Person zu einem beliebigen

Thema. Oft reflektieren Autoren in ihren Kolumnen Selbsterlebtes und Gehörtes. Häufig schreiben sie in der „Ich-Form" und sprechen den Leser direkt an. Wenn ein Autor regelmäßig an derselben Stelle in einem Medium seine Meinung kundtut, wird er als *Kolumnist* bezeichnet.

2.10.1 Der Kommentar – der Aufbau

Der Kommentar ist eine journalistische Darstellungsform, die dem Autor viel Freiheit bietet. Dennoch gibt es einige Kniffe, die – besonders dem Anfänger – helfen können, einen handwerklich guten Kommentar zu verfassen. Vorgestellt werden soll der Aufbau eines *Geradeaus-Kommentars*. Denn mit ihm wird der Journalist am Anfang seiner Karriere in erster Linie konfrontiert sein. Die großen Analysen sind in der Regel – zumindest bei großen überregionalen Zeitungen – Chefredakteuren oder Ressortleitern vorbehalten.

Bevor der Autor in die Tasten greift, sollte er sich eine *These* überlegen. Die These muss die Quintessenz seiner Meinung wiedergeben. Eine These könnte zum Beispiel lauten: *Peer Steinbrück spricht schneller, als er denkt.* Danach muss der Kommentator möglichst viele und griffige Argumente suchen, die diese These stützen. Wer seine These auf eine Zeile verdichten kann, der ist gut beraten, diese als Überschrift zu verwenden. Denn Kommentare müssen in der Regel ohne einen Vorspann auskommen, in dem die These verdichtet ausgebreitet werden könnte.

Danach muss sich der Autor Gedanken um einen möglichst wirkungsvollen Einstieg machen. Immer mit dem Ziel vor Augen, den Leser in den Kommentar „hineinzuziehen". Beliebt bei Journalisten ist der überraschende Einstieg mit einem spannenden Satz, einem griffigen Zitat oder einem Bonmot. Gerne starten Autoren in ihren Kommentar auch mit einem Statement und erklären dem Leser dann kurz, worum es im Folgenden gehen soll.

Beispiele für Kommentar-Einstiege

Kommentar „Burg ohne Töchter"

EINSTIEG MIT ZITAT:

„Der nächste Kanzler muss ein Niedersachse sein." So lautet die Anzeigenkampagne des selbstgemachten Millionärs Carsten Maschmeyer, die Gerhard Schröder in Hannover einst an die Macht brachte und ihm damit den Weg zur Kanzlerschaft öffnete.

Reinhard Müller, Frankfurter Allgemeine Zeitung vom 11. Februar 2013, S. 1.

Kommentar „Diplomatische Zeitbombe"
EINSTIEG MIT STATEMENT:
Peer Steinbrück hat wieder einmal Klartext geredet. Und er hat ja Recht: Beppe
Grillo und Silvio „Bunga-Bunga" Berlusconi wird man nicht ernsthaft als ver-
antwortungsvolle Politiker bezeichnen wollen.
Torsten Henke, Main-Echo vom 28. Februar 2013, S. 3.

Kommentar „Caroline und die Medien"
EINSTIEG MIT STATEMENT UND ZITATEN:
Plötzlich waren sich alle einig: von „Bild" bis zum „Spiegel", vom „stern" bis zur
„Bunten". Das sogenannte Caroline-Urteil des Europäischen Gerichtshofs für
Menschenrechte ist ein massiver Angriff auf die Pressefreiheit. „Zensur" und
„Maulkorb-Urteil" brüllten die einen. „Damit wird die wichtigste Aufgabe der
Presse, den Mächtigen auf die Finger zu schauen, massiv behindert", formulier-
ten eleganter die anderen. Was war geschehen?
Kerstin Liesem in Publik Forum 18/2004, S. 5.

Wichtig ist, dass der Leser möglichst schnell erfährt, womit sich der Kommentar
beschäftigt. Denn nebulöse Andeutungen verärgern den Leser. Sie können dazu
führen, dass der Leser den Kommentar frustriert zur Seite legt. Wie ausführlich
der Kommentator das Thema ausbreiten muss, hängt davon ab, wie komplex der
Sachverhalt ist und wie viel Vorwissen vom Leser erwartet werden kann. In Tageszeitungen bezieht sich der Kommentar häufig auf einen nachrichtlichen Text im
selben Blatt, der sich oft direkt neben dem Text befindet. In einem solchen Fall
kann die Erklärung des Sachverhalts im Kommentar knapp ausfallen. Denn die
Sachinformationen findet der Leser im Bericht.
Der folgende Kommentar zum „Caroline-Urteil" bezog sich nicht auf einen Bericht im selben Medium. Deshalb musste die Autorin weiter ausholen.

Beispiel für Erklären des Sachverhalts
Kommentar „Caroline und die Medien"
Auslöserin war Prinzessin Caroline von Hannover, vielen vielleicht besser
bekannt als Caroline von Monaco. Sie hatte es satt, in ihrem Privatleben ständig
von Paparazzi geknipst zu werden und die Ergebnisse dann in bunten Blättern
bewundern zu können. Sie klagte vor deutschen Gerichten bis hin zum Bundesverfassungsgericht. Die Veröffentlichungen würden ihr Recht auf Achtung
ihres Privatlebens und ihr Recht am eigenen Bild verletzen, argumentierte sie.
Das Bundesverfassungsgericht sah das anders: In seinem Grundsatzurteil vom

15. Dezember 1999 stellte es fest, Caroline sei „eine absolute Person der Zeit-geschichte". Als solche müsse sie die Veröffentlichung von Fotos hinnehmen, die sie in der Öffentlichkeit zeigten. Selbst wenn die Bilder eher ihr Alltagsleben beträfen als die Erfüllung ihrer öffentlichen Pflichten. Die Karlsruher Richter stützten sich dabei auf die Pressefreiheit und das legitime Interesse der Öffent-lichkeit, zu erfahren, wie sich eine Persönlichkeit wie die Prinzessin allgemein im öffentlichen Leben verhält. Im Klartext: Immer wenn Caroline vor die Tür ihres Palastes trat, war sie frei zum Abschuss. [...] Diesem Treiben hat der Euro-päische Gerichtshof für Menschenrechte jetzt ein jähes Ende bereitet.
Kerstin Liesem, Publik Forum 18/2004, S. 5.

Im Hauptteil muss der Autor seine Meinung deutlich vertreten und diese mit be-gründeten Argumenten untermauern. Zum Beispiel so:

Beispiel 1 für Argumente mit Begründung

Kommentar „Diplomatische Zeitbombe"
    Doch Peer Steinbrück ist nicht irgendwer, der seinen Gefühlen freien Lauf lassen kann, wann, wo und wie es ihm beliebt. Der Sozialdemokrat möchte Kanzler der stärksten Volkswirtschaft in Europa werden. [...] Ob 7. Kavallerie, die Klage über die Kanzler-Bezüge, sein Gerede über billigen Wein, den angeb-lichen Frauenbonus Angela Merkels – Steinbrück spricht offensichtlich manch-mal schneller, als er denkt. [...] Wer sich nicht im Griff hat und für einen guten Gag seine Großmutter verkauft, ist im höchsten Regierungsamt eine diploma-tische Zeitbombe.
    Torsten Henke, Main-Echo vom 28. Februar 2013, S. 3.

Der Hauptteil des Kommentars zum „Caroline-Urteil" liest sich so:

Beispiel 2 für Argumente mit Begründung

Kommentar „Caroline und die Medien"
    Die Straßburger Richter haben mit ihrer Entscheidung keineswegs das Ende der Pressefreiheit eingeläutet. Sie haben einzig und allein dem Persönlichkeits-recht von Prominenten zum Durchbruch verholfen. Denn auch allseits bekann-te Persönlichkeiten haben ein Recht auf Privatleben. Zwar eingeschränkter als Otto-Normalbürger, aber immerhin. Denn bei Prominenten ist immer eine Abwägung zu treffen: Freiheit der Meinungsäußerung, zu der auch die Veröf-

fentlichung von Fotos gehört, contra Schutz des Privatlebens. Befriedigen Bilder ausschließlich Voyeurismus und Sensationsgier, dann sind sie künftig tabu. [...] Kerstin Liesem, Publik Forum 18/2004, S. 5.

Besonderes Augenmerk sollte der Autor darauf legen, wie er den Kommentar beendet. Im Ausstieg sollte der Journalist seine Meinung noch einmal deutlich unterstreichen. Dazu kann er einen Gedanken, ein Zitat oder ein Bonmot vom Anfang wieder aufgreifen nach dem altbekannten Motto: „Anfang und Ende reichen sich die Hände." Alternativ kann er mit einem Appell oder einer Frage enden, die den Leser zum Nachdenken anregen sollen. Wichtig bei alldem ist immer, dass der Ausstieg den Standpunkt des Autors nicht verwässert. Deshalb sollte ein guter Kommentar nie mit den Worten enden: „Diese Meinung kann sich auch wieder ändern" oder „Alles ist im Fluss".

Der Kommentar zu Peer Steinbrück als „diplomatische Zeitbombe" in einer Lokalzeitung endete mit einem Appell:

Beispiel für Appell-Ausstieg

Kommentar „Diplomatische Zeitbombe"

Nicht die flottesten Sprüche machen einen seriösen Politiker aus, sondern der Instinkt dafür, wann man besser mal die Klappe hält. Da muss Steinbrück noch an sich arbeiten. Vorausgesetzt, er will überhaupt noch Kanzler werden.

Torsten Henke, Main-Echo vom 28. Februar 2013, S. 3.

Der Kommentar zum „Caroline-Urteil" endete mit einer Bekräftigung der Meinung der Autorin sowie einer Frage, die den Leser direkt ansprechen und ihn zum Nachdenken anregen sollte.

Beispiel für Ausstieg mit Bekräftigung der Meinung und direkter Leseransprache

Kommentar „Caroline und die Medien"

Die Entscheidung gewährt endlich auch Prominenten, was jeder Normalbürger für sich beansprucht. Ein Recht auf ein Privatleben auch außerhalb der eigenen vier Wände. Oder wollen Sie sich ständig hinter schwarzen Sonnenbrillen oder unter Perücken verstecken, um unerkannt zu bleiben?

Kerstin Liesem, Publik Forum 18/2004, S. 5.

Aus der eingehenden Lektüre vieler Kommentare ergibt sich das folgende Grundgerüst:

Grundgerüst Geradeaus-Kommentar
Gedankliche Vorarbeit:
- klare These,
- Autor kann verdichtete These in Titel aufgreifen (z. B. „Diplomatische
  Zeitbombe").
Vorspann:
- fehlt in der Regel bei Kommentar.
Einstieg:
- „In-medias-res"-Einstieg über Statement,
- Einstieg über griffiges Zitat oder ungewöhnliches Bonmot.
Hauptteil:
- Erklären des Sachverhalts (so lang wie nötig – keine unnötig lange und
  ausufernde Paraphrase der Nachricht),
- Standpunkt deutlich machen,
- argumentieren und bewerten,
- Argumente durch Fakten belegen.
Ausstieg:
- geschlossen,
- Aufgreifen von Gedanken, Zitaten oder Bonmots vom Anfang nach
  dem Motto: „Anfang und Ende reichen sich die Hände",
- Schlussappell,
- Bestärkung der Meinung,
- Aufwerfen einer Frage, um den Leser zum Nachdenken anzuregen.
Ziel: Dem Leser Orientierung im Informationsdschungel geben durch be-
gründete Argumente.

2.10.2   Der Kommentar – die Sprache

Der Kommentar ist eine meinungsbetonte Textsorte. Sein Ziel ist es, dem Leser die
gut begründete Meinung des Autors nahezubringen, ihn im Idealfall sogar zu überzeugen. Beim Kommentar stehen der Standpunkt, die Argumente und die Begründungen im Vordergrund. Anders als bei erzählenden Textsorten ist die Sprache
nur *Mittel zum Zweck*. Sie hat lediglich eine *„dienende Funktion"*. Deshalb muss sie

sich dem Inhalt des Textes unterordnen und darf den Leser nicht durch ihre Wort-
und Sprachgewalt erdrücken und ablenken. Daher sollten Journalisten zu einer
schlichten und geläufigen Sprache greifen, die zuallererst verständlich sein muss.
Der Kommentator sollte von allem absehen, was den Text unverständlich machen
könnte. Dazu gehören neben ungeläufigen Begriffen, Fach- und Fremdwörtern
auch zu lange Sätze, Verschachtelungen und zu ausführliche Einschübe. Meist benötigt der Autor nur ein Standardrepertoire an Verben und Adjektiven. Denn die
Aufgabe des Kommentators ist nicht die präzise Beschreibung – wie etwa in der
Reportage –, sondern die Wertung. In vielen Kommentaren finden sich Zitate, direkte und indirekte sowie ausführliche und in den Text eingewebte. Diese können
dazu beitragen, den Sachverhalt besser zu erklären oder ein Argument zu belegen.

Checkliste Kommentar

Sprache:
- dienende Funktion, ordnet sich Inhalt unter,
- schlicht und geläufig.

Wortwahl:
- Standardrepertoire an Verben,
- Standardrepertoire an Substantiven (meist sind Gattungsbegriffe aus-
  reichend),
- dosierter Einsatz von Adjektiven,
- Fremdwörter und Fachtermini möglichst vermeiden.

Zitate:
- direkte und indirekte Zitate (ganze Sätze oder in Text „eingewebt“).

Satzbau:
- Verständlichkeit ist oberstes Gebot,
- möglichst kurze Sätze,
- Schachtelsätze und Einschübe vermeiden.

2.11   Die Glosse

Die Glosse ist eine Spezialform des Kommentars. Sie gehört damit zu den *meinungsbetonten* Textsorten. Im ursprünglichen Wortsinn meint der Begriff „Glosse“ so viel wie „spöttische Randbemerkung“. Wie Redaktionen ihre Glossen bezeichnen, ist unterschiedlich. Manche nennen sie Zwischenruf oder Satire, andere
Lokalspitze oder Kolumne. Besonders bekannt und renommiert ist das *STREIF-*

LICHT – die Glosse auf der Titelseite der „Süddeutschen Zeitung", die seit dem Jahr 1946 jeden Tag erscheint. Das *STREIFLICHT* gilt in der journalistischen Zunft als Prototyp der Glosse.

Als meinungsbetonte Darstellungsform urteilt, bewertet und kritisiert die Glosse. Anders als bei der Standardform des Kommentars greift der Autor dabei nicht so sehr auf sachlich-nüchterne Argumente zurück. Vielmehr bedient er sich häufig des Spotts, der Ironie, der Satire oder der Polemik. Anstatt direkt, offen und geradlinig seine Meinung zu äußern, arbeitet der Glossenschreiber mit Anspielungen, Karikaturen und Parodien. Da viele Glossen Komik einsetzen, erleben Leser diese Textsorte oft als witzig und unterhaltsam.

2.11.1 Die Komik der Glosse – drei Techniken

Wie entsteht eigentlich Komik? Erfahrene Glossenschreiber verweisen auf drei Techniken:

- die Übertragung,
- die Übertreibung/Untertreibung und
- die Übertretung.

2.11.1.1 Die Übertragung

Bei der Übertragung verknüpft der Autor Dinge, die eigentlich nicht zusammengehören. Oder er überträgt Ereignisse oder Wörter von einem Bereich auf einen anderen. Viele Witze arbeiten mit dieser Technik. Im Folgenden finden Sie einige Beispiele, in denen die Technik der Übertragung zum Einsatz gekommen ist.

Beispiele für die Technik der Übertragung

Beispiel 1:
„Na, was fehlt Ihnen denn, Herr Müller?"
„Ich rede im Schlaf, Herr Doktor!"
„Ist das denn wirklich so schlimm, dass Sie zu mir kommen müssen? Oder stört das Ihre Frau?"
„Nein, aber das ganze Büro lacht über mich!"

Beispiel 2:
„Ich glaub' nicht daran, dass Babys vom Storch aus dem Teich geholt werden", sagt Fritzchen. „Kleine Kinder werden geboren, und den Bohrer finde ich auch noch!"

Beispiel 3:
„Schatzi, ich liebe dich schrecklich", sagt der Ehemann zur Ehefrau.
„Ja", antwortet sie kühl, „das habe ich gemerkt. Aber ich hoffe, dass du es eines Tages noch lernen wirst!"

In Beispiel 1 arbeitet der Autor mit einer Übertragung des Zustands „Schlaf" von einem Bereich in einen anderen. Der Normalfall ist, dass der Schlaf in der privaten Sphäre stattfindet, also im Regelfall zu Hause. Deshalb überrascht und erheitert es den Leser, dass Herr Müller auf den Büroschlaf anspielt.

In Beispiel 2 hat Fritzchen das Wort „geboren" auf das Verb „bohren" zurückgeführt und damit in einen völlig neuen, für den Leser unbekannten Zusammenhang gestellt.

Beispiel 3 arbeitet mit den unterschiedlichen Bedeutungen von „schrecklich" – schrecklich im Sinne von „sehr" einerseits und schrecklich im Sinne von „schlimm" andererseits.

2.11.1.2   Die Übertreibung/Untertreibung

Die zweite Technik, Komik zu erzeugen, ist die Übertreibung. Dabei verzerrt der Autor die Dimensionen. Wichtiges bläht er auf, Unwichtiges schrumpft er zusammen. Auch diese Methode können Sie anhand von Witzen studieren.

Beispiel für die Übertreibung

Ein Vertreter kommt von einer Reise todmüde nach Hause. Er wird von seinem Sohn freudig, von der Gattin beklommen begrüßt.
„Papa, in unserem Schrank ist ein Gespenst", platzt es aus dem Sohn heraus.
„Unsinn", sagt der müde Vertreter. „Gespenster gibt es nicht."
„Schau selbst nach."
Missmutig geht der Vater ins Schlafzimmer und reißt die Schranktür auf. Wer steht da? Sein bester Freund!
Da platzt es aus dem Vertreter heraus: „Schäme dich! Du gehst ein und aus bei uns. Ich habe dir geholfen, wo ich nur konnte. Und was machst du? Zum Dank erschreckst du meinen Sohn!"

2.11.1.3   Die Übertretung

Die dritte Technik ist die der Übertretung. Dabei überschreitet der Autor Tabus, Regeln oder sprachliche Gepflogenheiten. Zum Beispiel, indem er Redensarten oder im übertragenen Sinne Gemeintes allzu *wörtlich* nimmt. Oft sind die Techniken der Übertretung und der Übertragung miteinander verknüpft – wie in den folgenden Beispielen.

Beispiele für Übertretung/Übertragung
Beispiel 1:
Schreit der Besucher den Finanzbeamten an: „So nehmen Sie doch endlich Vernunft an!"
Meint dieser: „Ausgeschlossen, Sie wissen doch selbst, dass wir Beamte nichts annehmen dürfen!"

Beispiel 2:
Der Amtmann starb ganz plötzlich. Er ist noch nicht unter der Erde, da fragt einer der Oberinspektoren den Amts-Chef ganz vertraulich: „Könnte ich nicht den Platz des Verstorbenen einnehmen?"
„Mir wäre das schon recht – Hauptsache, das Beerdigungsinstitut hat nichts dagegen …!"

2.11.2 Die Glosse – der Aufbau

Wie ist eine Glosse aufgebaut? Formal hat der Autor beim Verfassen von Glossen viele Freiheiten. Inhaltlich ist die Glosse auf eine Pointe hin geschrieben. Ob das Stück geglückt ist, ob die Pointe zündet, das entscheidet am Ende der Leser. Eines verbindet jedoch alle Glossen: Sie basieren auf einer *Nachricht*, einem *Ereignis* oder einer *Begebenheit*. Dabei muss es sich weder um ein Geschehen von weltgeschichtlicher Dimension noch um eine Begebenheit von tagesaktueller Bedeutung handeln. Das Thema muss noch nicht einmal aus einem besonderen Ressort stammen. Wer häufig Glossen liest, der weiß: Keine noch so kleine und eigentlich unbedeutende Begebenheit ist vor der spitzen Feder des Glossenschreibers gefeit. Nicht einmal besonders witzig oder verblüffend muss die Nachricht sein. Der Autor hat es oft sogar leichter, wenn sie es nicht ist. Warum? Weil seine Glosse dann nicht mit der Nachricht oder der Begebenheit um die bessere Pointe wetteifern muss.

In Journalistenkreisen gilt die Glosse als besonders schwierige Textsorte. Wer selbst schon einmal über einer Glosse geschwitzt hat, kann das sicher bestätigen. Ein Grund dafür ist, dass Komik oft etwas sehr Subjektives ist und deshalb schwer vorhersehbar. Zumindest für den (noch) ungeübten Glossenschreiber. Denn was der eine Leser urkomisch findet, lockt dem anderen noch nicht einmal ein Schmunzeln auf das Gesicht. Um herauszufinden, wie der Leser „tickt", ist etwas Übung erforderlich.

Trotzdem brauchen Sie das Buch an dieser Stelle nicht frustriert aus der Hand zu legen, weil Sie glauben, zum Glossenschreiben müsse man geboren sein. Denn auch das Verfassen „spöttischer Randbemerkungen" kann man lernen. Es hat viel mit journalistischem Handwerk zu tun. Das bestätigt auch Hermann Unterstöger, Autor vieler *STREIFLICHTER*. In seinem Artikel „Das Streiflicht – Vom Plunder zum Wunder"[10] räumt er auf mit der „Genie-Doktrin", wonach das *STREIFLICHT* durch einen „Musenkuss" entstünde. Im Gegenteil. Unterstöger schreibt:

> Streiflichter werden geschrieben. Sie werden in einem sehr handgreiflichen, ja handwerklichen Sinne ‚gemacht', man könnte sogar sagen, sie werden ‚erstellt', insofern man unter dem Begriff ‚erstellen' durchaus Ehrenwertes subsumieren kann.

Unterstöger beschreibt den Aufbau von Glossen als wenig kompliziert:

> Die Disposition des Textes ist noch das Einfachste. Sie folgt dem Schema jener Dreiteiligkeit, die sich aus dem Schriftbild widerspiegelt. Drei Absätze: Einleitung, Hauptteil, Schluss. Das hat sich bewährt, das schafft die Verbindung sowohl zum Schulaufsatz als auch zu den Triptychen alter Meister.

2.11.2.1 Die Einleitung – das Thema

Zunächst braucht der Autor ein Thema, das er glossieren möchte. Unterstöger beschreibt die Suche nach dem Thema als *„wahlloses Greifen in die Fülle der Begebenheiten"*. Hat der Autor ein Ereignis gefunden, so gibt er dieses komprimiert in der *Einleitung* wieder (*Inhaltsangabe*). Das hat den Vorteil, dass der Leser auf diese Weise schnell das Thema der Glosse erfährt.[11] Bei dieser *Inhaltsangabe* sollte der Autor darauf achten, dass sie so kurz und prägnant wie möglich ausfällt. Denn es würde den Leser verwirren und von der eigentlichen Glossierung ablenken, wenn der Journalist die Begebenheit in all ihren Verästelungen und Details wiedergäbe. STREIFLICHT-Autor Unterstöger berichtet von folgender dpa-Meldung als Grundlage einer seiner Glossen:

> In Kiel bedrohte ein maskierter Räuber die Verkäuferin einer Bäckerei mit einer Gaspistole, diese jedoch bewarf ihn solange mit Schokoküssen, bis er das Weite suchte.[12]

---

[10] Vgl. Süddeutsche Zeitung vom 6. Oktober 1995, S. J 92 zum 50. Geburtstag der „Süddeutschen Zeitung".

[11] Zwingend ist diese Vorgehensweise allerdings nicht. Das zeigt die Lektüre des STREIFLICHTs. Dort enthüllen die Autoren die Nachricht bzw. die Begebenheit zum Teil erst im Mittelteil des Textes.

[12] Damit hat sich der Autor bereits eine per se witzige Nachricht ausgesucht, mit der die Glosse dann um die Pointe wetteifern muss. Besonders der Anfänger im Glossieren tut sich leichter, wenn er weniger witzige Nachrichten oder Begebenheiten auswählt.

2.11.2.2 Der Hauptteil – die systematische Vorbereitung der Pointe

Im Hauptteil geht es darum, die ausgewählte Begebenheit mit den *Mitteln der Glosse* (z. B. Spott, Ironie, Satire, Polemik) zu kommentieren. Dazu muss sich der Autor intensiv mit dem *Kern* der Begebenheit auseinandersetzen. Diesen Vorgang beschreibt Unterstöger so:

> Das Behauchen des dpa-Lehms beginnt im Archiv. Der Stoff wird eingekreist, und zwar mit Hilfe der Materialmappen ‚Kommunen' (Kiel), ‚Schleswig-Holstein/Kriminalität' (ebenfalls Kiel), ‚Bewaffnete Kriminalität' (Räuber), ‚Dienstleistungsgewerbe' (Verkäuferin), ‚Handwerk' (Bäckerei), ‚Handfeuerwaffen' (Gaspistole) und ‚Lebensmittel/Süßigkeiten' sowie ‚Erotik allgemein' (Schokoküsse). Der Autor nimmt alle Mappen unter den Arm und schlendert damit durch belebtere Korridore, was seinen Ruf als besonders gründlicher Rechercheur festigt. Ist er in seinem Zimmer, fällt die Pose nicht selten in sich zusammen. […] Bei diesem Stand der Dinge kommt meistens von irgendwo ein Lichtlein her, in unserem Fall aus dem Wörterbuch. Es erscheint nicht ausgeschlossen, dass sich aus dem Wort ‚kielholen' ein scherzhafter Funke schlagen lässt. Schließlich wollte auch der Räuber seine Beute in ‚Kiel holen'.

In der Hauptsache geht es in diesem Schritt darum, Ideen und Assoziationen zu entwickeln, die zu einer Schlusspointe führen können. Bewährt haben sich dafür folgende Techniken (vgl. Wolff 2011, S. 139):

* Verästeln des Themas,
* Spielen mit Wortstämmen,
* Suche nach Parallelen in Geschichte und Literatur,
* Übertragung des Ereignisses auf andere Sachverhalte.

Wenn der Autor eine Idee für eine Pointe hat, dann muss er den Text darauf zutreiben lassen. Dabei kann er spotten, parodieren, übertreiben und überspitzen. Er kann assoziieren und groteske Vergleiche ziehen. Kurzum: Der Autor kann seinen Gedanken zum Thema freien Lauf lassen – mögen diese auch noch so verwegen und abwegig sein. Wichtig dabei ist, dass all dieses ironische Argumentieren, Übertreiben, Fabulieren und Spotten auf *ein* Ziel gerichtet ist: die Pointe am Schluss vorzubereiten. In Unterstögers Beispiel lebt die Glosse davon, dass der Autor mit Wörtern und Wortbedeutungen spielt. Er schreibt sich Schlüsselwörter wie zum Beispiel „Kommunen" oder „bewaffnete Kriminalität" auf und sucht dazu Assoziationen[13].

---

[13] Wer mit dieser Methode arbeiten möchte, dem können die Techniken des Brainstormings, Mindmappings und Clusterns helfen.

2.11.2.3   Der Schluss – das Zünden der Pointe

Im Schlussteil zündet der Autor die Pointe, die er im Hauptteil vorbereitet hat. Um Komik zu erzeugen, kann er die in Abschn. 2.11.1 vorgestellten Techniken der Übertragung, Übertreibung/Untertreibung und Übertretung verwenden.

2.11.3   Die Glosse – Beispiel

Nach all diesen (theoretischen) Ausführungen lesen Sie nun eine Glosse, die der bekannte Kolumnist Hans Zippert für die Zeitung „Die Welt kompakt" verfasst hat („Zippert zappt"). Zugrunde lag dieser Glosse die folgende Nachricht:

Armut kann IQ senken
Menschen in schweren finanziellen Nöten verlieren zeitweise bis zu 13 Punkte

Die Miete, das Essen und womöglich noch eine unerwartete Autoreparatur – solche Rechnungen sind für viele Menschen allenfalls lästig. Anderen hingegen droht mit jeder neuen Rechnung der finanzielle Ruin. Wer am Existenzminimum lebt, muss ständig feilschen, rechnen und neu planen. Den ganzen Tag kreisen die Gedanken um das Geld. Dass dies nicht nur die Seele belastet, konnten nun US-amerikanische Forscher zeigen.

Psychologen und Ökonomen der University of Warwick, der Harvard University und der Princeton University haben sich zusammengetan, um den Einfluss von Armut auf den Intellekt zu prüfen. Ihr Ergebnis: Geldnot senkt den Intelligenzquotienten im Schnitt um 13 Punkte. „Unsere Ergebnisse legen nahe, dass Armut nicht nur zu einer Knappheit von Geld führt. Auch die kognitiven Kapazitäten der Betroffenen werden eingeschränkt", sagt Ökonomie-Professor Sendhil Mullainathan von der Harvard University und Koautor des in „Science" veröffentlichten Artikels.

Für die Studie wurden in einem Einkaufszentrum per Zufall etwa 400 Probanden ausgewählt – mit einem Jahreseinkommen von 20.000 bis 70.000 Dollar. Unabhängig von ihrem Verdienst wurden diese nun zwei imaginären Szenarien ausgesetzt: Die einen mussten schwere finanzielle Probleme lösen, die anderen einfache. Die eine Hälfte der Teilnehmer sollte beispielsweise eine Autoreparatur in Höhe von 150 Dollar bezahlen, der anderen Gruppe wurde eine Rechnung von 1500 Dollar präsentiert. Währenddessen sollten dann noch Intelligenz- und Wahrnehmungstests absolviert werden. Bei den einfachen Problemen war die Leistung von Gering- und

Besserverdienern zunächst unauffällig. Anders war es bei schweren finanziellen Problemen: Hier schnitten Geringverdiener sehr viel schlechter ab als
Besserverdiener. Ein anderes Experiment der Versuchsreihe bestätigte diese ersten Ergebnisse. Dafür begaben sich die Forscher nach Indien, zu den
Zuckerrohrfarmern in Tamil Nadu. Ein indischer Zuckerrohrfarmer hat ein
ambivalentes Leben: Einmal im Jahr ist Ernte – danach ist er plötzlich reich.
Bis dahin jedoch wird das Geld immer knapper. Wer sein Einkommen also
hauptsächlich aus dem Zuckerrohranbau bezieht, kennt beide Zustände: die
Armut vor der Ernte und den relativen Reichtum danach.

Genau das macht die Zuckerrohrfarmer zu idealen Probanden für die
Wissenschaftler. Sie testeten bei 464 Bauern, die mindestens 60 Prozent ihres
Einkommens aus dem Zuckerrohranbau beziehen, Intelligenz und Wahr-
nehmung – einmal vor und einmal nach der Ernte. Auch hier zeigte sich:
In Zeiten des Reichtums erzielten die Teilnehmer bessere Ergebnisse als in
Phasen der Armut. Die Forscher gehen davon aus, dass dies mit unseren be-
grenzten intellektuellen Ressourcen zusammenhängt. Die Teile unseres Ge-
hirns, die bereits mit der Bezahlung der Miete und des Essens beschäftigt
sind, können sich nicht mehr um andere Aufgaben des Alltags kümmern.
„Arme Menschen sind nicht weniger intelligent als reiche. Aber weil sie mit
so vielen Sorgen beschäftigt sind, können sie sich weniger um andere Dinge
kümmern“, sagt Mullainathan. Der Ökonom vergleicht das mit der Welt der
Technik. So könne man sich den Einfluss von Geldsorgen auf die kognitiven
Fähigkeiten ähnlich dem eines ladungsintensiven Prozesses auf die Bandbreite vorstellen: „Stellen Sie sich vor, Sie sitzen vor einem Computer, der
unglaublich langsam läuft“, sagt Mullainathan, „aber dann stellen Sie fest,
dass ein großes Video im Hintergrund geladen wird“. In diesem Fall sei nicht
der Computer selbst langsam – sondern vielmehr das Video schuld an der
Verlangsamung. Ebenso würden Geldsorgen „mentale Bandbreite“ rauben.
Shari Langemak, Die Welt kompakt, S. 28.

Diese Forschungsergebnisse hat Hans Zippert in seiner Kolumne „Zippert zappt“
wie folgt glossiert:

Beispiel für eine Glosse

Amerikanische Psychologen und Wirtschaftswissenschaftler haben herausgefunden: Finanzielle Sorgen belasten, ja vermindern die Gehirnleistung. Wer
nur noch daran denkt, wie er seine Schulden zurückzahlen kann, der denkt oft
nur noch daran, wie er seine Schulden zurückzahlen kann. Für andere Gedan-

ken ist dann kein Platz und keine Hirnenergie mehr vorhanden. Finanzieller Stress kann zu einem völligen Hirnausfall führen. Das erklärt natürlich sehr viele Fehlleistungen von Bankern und Finanzexperten und die Bankenpleiten und Finanzkrisen der vergangenen Jahre. Man kann ganz allgemein sagen, der Umgang mit Geld verblödet, und der Umgang mit Geld, das man gar nicht hat, macht alles noch sehr viel schlimmer. Wir sehen das an unserer Regierung, die einen riesigen Schuldenberg verwalten muss und eigentlich an nichts anderes mehr denken kann. Das wirkt sich auch auf die regierten Bürger aus, und wir müssen uns über schlechte Pisa-Ergebnisse nicht wundern. Es gibt wohl nur zwei Wege aus diesem Dilemma. Entweder wird das Geld komplett abgeschafft, oder der Staat gibt uns so viel, dass wir uns nie mehr Sorgen machen müssen.

Hans Zippert, Die Welt kompakt vom 2. September 2013, S. 31.

Wer viele Glossen analysiert, kann folgendes Aufbauschema als Grundgerüst für Glossen erkennen:

Grundgerüst Glosse:

Vorspann:
- fehlt oft.

Einleitung:
- meist kurzes und komprimiertes Nacherzählen des Kerns des Geschehens oder der Nachricht mit eigenen Worten,
- verrätselter Einstieg (Spezialität des STREIFLICHTs der „Süddeutschen Zeitung").

Hauptteil:

Vorbereitung der Pointe:
- Spielen mit Wörtern, Wortbedeutungen, Redewendungen,
- Assoziationen zu Schlüsselbegriffen,
- Suche nach Parallelen in Historie oder bei Persönlichkeiten.

Techniken:
- Übertragung,
- Übertreibung,
- Übertretung.

Hilfsmittel:
- Brainstorming,
- Mindmapping,
- Clustern.

Schlussteil:
- Zünden der Pointe.

Ziel: Meinungsbildung und Unterhaltung des Lesers.

2.11.4 Die Glosse – die Sprache

Das Ziel der Glosse ist es, den Leser mit Witz, Komik und Ironie zu unterhalten. Dabei spielt die Sprache eine wichtige Rolle. Denn sie verleiht der Glosse erst die richtige Würze. Deshalb muss die Sprache *zwingend* zum Inhalt des Textes passen. Je nach Zweck, kann sie deshalb opulent und gewaltig oder schlicht und reduziert daherkommen. Oft verleihen gerade ungewöhnliche Wörter oder abgewandelte Redewendungen einer Glosse die beabsichtigte Komik. Manchmal sind es auch seltsam anmutende Satzkonstruktionen, die den Reiz einer Glosse ausmachen.

Checkliste Glosse
Sprache:
- tragende Funktion,
- Sprache muss zum Inhalt passen und diesen verstärken.
Wortwahl:
- ungewöhnliche, ausgefallene, exotische und selbst erdachte Verben,
- ungewöhnliche Substantive,
- ungewöhnliche Adjektive.
Zitate:
- in der Regel dosierter Einsatz,
- direkte und indirekte Zitate (ganze Sätze oder in den Text „eingewebt").
Satzbau:
- oft ungewöhnliche Satzkonstruktionen,
- Schachtelsätze, jedoch auf Verständlichkeit achten.

2.12 Die Kritik – die janusköpfige Textsorte

Die Kritik ist eine Textsorte, die vor allem im Feuilleton von überregionalen Tages- oder Sonntagszeitungen, in Online-Medien sowie im Kulturteil von regionalen Zeitungen zu finden ist. Gegenstand der Kritik können Konzerte, Theateraufführungen, Kunstausstellungen, Kino- und Fernsehfilme, Hörfunkproduktionen oder literarische Werke sein.

Im Lokaljournalismus ist die Kritik eine beliebte und häufig verwendete journalistische Darstellungsform. Denken Sie nur an die vielen Schülerkonzerte und Aufführungen von regionalen Laienschauspielgruppen oder an die Ausstellungen von

Künstlern aus der Region. Diese wollen sich wiederfinden in der Regionalpresse. Die journalistische Literatur unterscheidet folgende *Formen* der Textsorte „Kritik":

- Filmkritik,
- Literaturkritik,
- Kunstkritik,
- Fernseh- und Hörfunkkritik,
- Theaterkritik,
- Musikkritik.

Die Kritik ist eine *janusköpfige* journalistische Darstellungsform: Auf der einen Seite ist sie *Bericht*, auf der anderen Seite ist sie *Kommentar*. Häufig dominiert eine Seite. Welche das ist, hängt vom Einzelfall ab. So liest sich die *eine* Kritik als *Bericht* mit *Kommentarelementen*, während die *andere* als *Kommentar* mit *Berichtselementen* daher kommt. Charakteristisch für die Textsorte „Kritik" ist, dass sie sowohl aus *tatsachenbetonenden* als auch aus *meinungsbetonten Komponenten* besteht. Denn sie hat im Wesentlichen zwei Aufgaben zu erfüllen: Zum einen soll sie den Leser über ein Geschehen informieren (*Berichtselement*). Zum anderen soll sie ein Geschehen bewerten (Kommentarelement). Zunächst wendet sich der Autor in der Regel dem Berichtselement zu.

Ist zum Beispiel ein Theaterstück Gegenstand der Kritik, so muss der Leser den Inhalt des Stücks zumindest in groben Zügen kennenlernen (*Inhaltsangabe*). Wie ausführlich diese Inhaltsangabe ausfällt, hängt davon ab, wie viel Vorwissen der Autor vom Leser erwarten darf.

Zudem muss der Journalist dem Leser mitteilen, *wie* der Künstler an das Thema herangegangen ist. Hat der Regisseur das Theaterstück, das ursprünglich im Mittelalter spielte, in die Gegenwart verlegt? Welche Schwerpunkte hat er gesetzt? In diese Auseinandersetzung kann der Autor bereits *Kommentarelemente* einfließen lassen. So kann er schon im Berichtsteil mit Expertenwissen glänzen. Außerdem muss der Leser erfahren, an welchem Theater das Stück gespielt wird, welche Schauspieler an der Produktion beteiligt sind und wer Regie geführt hat. Wenn sich die Kritik mit einer öffentlichen Veranstaltung beschäftigt, dann muss der Autor dem Leser auch von der *Publikumsreaktion* berichten.

Hat der Autor der *Berichtsfunktion* der Kritik Genüge getan, so wendet er sich der Bewertung des Geschehens zu (*Kommentarelement*). Im Kommentarteil äußert er klar und deutlich seine eigene Meinung zur gesamten Theaterproduktion. Er beurteilt die Leistungen der Haupt- und Nebendarsteller sowie des Regisseurs. Außerdem setzt er sich kritisch mit der Inszenierung auseinander.

Am Ende der Kritik findet sich oft ein kurzer *Nutzwertteil mit praktischen Hinweisen.* Darin ist zum Beispiel aufgeführt, wann, wo und wie lange das Stück aufgeführt wird, ob es noch Karten gibt und wie viel diese kosten.

2.12.1 Die Kritik – der Aufbau

Ein Patentrezept für den Aufbau einer Kritik gibt es nicht. Denn auch die Kritik ist eine Textsorte, die dem Journalisten formal viele Freiheiten lässt. Inhaltlich muss der Autor jedoch darauf achten, dass die Kritik sowohl *Berichtskomponenten* als auch *Kommentarelemente* enthält. Der beschriebene Nutzwertteil ist zwar nicht zwingend, als Service für den Leser jedoch in vielen Fällen empfehlenswert.

Um eine stringente und für den Leser nachvollziehbare Kritik zu verfassen, sollte der Autor zunächst eine *These* aufstellen. Die These ist die Quintessenz seiner Bewertung. Auf eine oder wenige Zeilen verdichtet, kann der Autor die These bereits in der Schlagzeile, in der Unterzeile oder im Vorspann bringen.

Beispiele für Kritiken

Theaterkritik in Lokalzeitung: „Die Schwammerlhex" – Aufführung der Münchner Volkskomödie

Schlagzeile:
„Die Schwammerlhex" – ein Schwank mit Schachfiguren

Unterzeile:
Die Volkskomödie München zeigte in Kahl Routine
    Kerstin Liesem und Ulrich Simon, Main-Echo vom 19. Oktober 1994.

Filmkritik auf Spiegel Online Kultur: Das Leben der Anderen

Schlagzeile:
„Das Leben der Anderen": Stasi ohne Spreewaldgurke

Vorspann:
In Berlin feierte gestern Abend einer der spannendsten deutschen Filme der jüngsten Zeit seine Vorpremiere: Florian Henckel von Donnersmarck erzählt in

seinem Regie-Debüt „Das Leben der Anderen" unprätentiös und eindringlich vom Leben und Leiden im Schatten der Stasi.
Reinhard Mohr, Spiegel Online Kultur vom 15. März 2006,
http://www.spiegel.de/kultur/kino/das-leben-der-anderen-stasi-ohne-spree-waldgurke-a-406092.html (Abruf am 30. Juli 2014).

Buchkritik auf „Spiegel Online Kultur" zum Buch „F" von Daniel Kehlmann

Schlagzeile:
Neuer Roman von Daniel Kehlmann: F wie Firlefanz

Vorspann:
Krise von Kirche, Kunst und Kapital: Mit seinem neuen Buch „F" hätte Daniel Kehlmann den großen Roman unserer Zeit schreiben können. Doch statt seinem Thema zu vertrauen, setzt er auf alberne Effekte.
Sebastian Hammelehle, Spiegel Online Kultur vom 29. August 2013,
http://www.spiegel.de/kultur/literatur/daniel-kehlmann-neuer-roman-f-a-918780.html (Abruf am 30. Juli 2014.).

Ein spannender Einstieg trägt auch bei der Textsorte „Kritik" dazu bei, den Leser in den Text „hineinzuziehen". Wie das gelingen kann, dafür gibt es verschiedene Varianten wie zum Beispiel:

- Szenischer Einstieg,
- nachrichtlicher Einstieg,
- Personen-Einstieg,
- Anekdoten-Einstieg,
- Inhalts-Einstieg,
- Kommentar-Einstieg.

Beispiel für szenischen Einstieg (Filmkritik „Das Leben der Anderen")

Im Berliner „Cinestar"-Kino am Potsdamer Platz standen gestern Abend die jungen Leute wie stets für die aktuellen US-Produktionen an: „Brokeback Mountain", „L.A. Crash" und George Clooneys „Syriana". Nur einige schauten

etwas irritiert, als sich plötzlich ältere Männer mit Bärten, Brillen und schwarzen Anzügen in Richtung Kino 3 begaben, unter ihnen Wolfgang Thierse, Vize-
präsident des Deutschen Bundestages, Markus Meckel, letzter Außenminister
der DDR, Hans Ulrich Klose, Vorsitzender des Auswärtigen Ausschusses, Ort-
win Runde, ehemals Hamburgs Erster Bürgermeister, und der Grünen-Politiker
Wolfgang Wieland. Sogar Bundesbildungsministerin Annette Schavan huschte
im Gedränge vorbei.
    Reinhard Mohr, Spiegel Online Kultur vom 15. März 2006,
    http://www.spiegel.de/kultur/kino/das-leben-der-anderen-stasi-ohne-spree-
    waldgurke-a-406092.html (Abruf am 30. Juli 2014).

In eine andere Kritik steigen die Autoren nachrichtlich ein wie das folgende Beispiel zeigt.

Beispiel für nachrichtlichen Einstieg (Theaterkritik „Die Schwammerlhex")

Sie bekommt ihn dann übrigens doch nicht. Und das kann auch gar nicht anders
sein – eine Frau, die aus Dummheit anderen schadet, hat den Bauern nicht verdient. So einfach ist das.
    Kerstin Liesem und Ulrich Simon, Main-Echo vom 19. Oktober 1994.

Eine andere Kritik beginnt mit Angaben zum Künstler (Personen-Einstieg).

**Beispiel für Personen-Einstieg (Theaterkritik „Die Gespenster"
von Henrik Ibsen inszeniert von Thomas Ostermeier)**

Es begann 2002 mit der Inszenierung von „Nora oder ein Puppenheim", die
2003 zum Festival von Avignon eingeladen wurde. Inzwischen ist Thomas Ostermeier ein gereifter Ibsen-Interpret. Zuletzt inszenierte er für Avignon „Der
Volksfeind", verlagerte das Stück nach Berlin-Mitte und begeisterte das Publikum in Südfrankreich.
    Jürgen Berger, Süddeutsche Zeitung vom 23./24. März 2013, S. 14.

Bei Journalisten beliebt ist die Variante, mit einer Anekdote in den Text einzusteigen, zum Beispiel aus dem Leben des Künstlers.

Beispiel für Anekdoten-Einstieg (Kunstkritik über Fotografien von Boris Mikhailov im Sprengel Museum Hannover)

Als Boris Mikhailov in den Siebzigern in seiner Heimatstadt Charkow auf der Straße fotografierte, kamen häufig Soldaten zu ihm und wollten wissen, was er da für Bilder mache. Ihr Misstrauen weckte er nicht, weil er Uniformierte oder Militäranlagen aufnahm. Die Frage der staatlichen Kontrolle lautete vielmehr: „Was ist denn daran schön?" [...]
Stephan Speicher, Süddeutsche Zeitung vom 23./24. März 2013, S. 14.

Eine andere Möglichkeit besteht darin, mit einer kurzen, pointierten Inhaltswiedergabe in den Text einzusteigen.

Beispiel für Inhalts-Einstieg (Filmkritik im Hyde Park am Hudson)

Als Charmeur kommt er daher, als Schwerenöter, Franklin Delano Roosevelt, der 32. Präsident der USA, verkörpert von Bill Murray. Frauen sind um ihn, die harsche, ein wenig virile Ehefrau Eleanor, die Sekretärin, auch die Mutter. Eines Tages gegen Ende der dreißiger Jahre lässt er Daisy holen, seine Cousine welchen Grades auch immer, nach Hyde Park am Hudson, seine Sommerresidenz, sie soll ihm die Tage dort verschönern, womit auch immer. Erst einmal zeigt er ihr seine Briefmarkensammlung, das geht immer, erklärt er, wenn man mit einer Frau anfängt. Manchmal sitzen sie nur beisammen, gern nimmt er sie im offenen Wagen mit, er ist speziell für Handbetrieb umgebaut – der Präsident leidet an den Folgen von Polio, kann kaum stehen und wenig sehen. Aber er hat – politisch, menschlich und sexuell – alles im Griff. [...]
Fritz Göttler, Süddeutsche Zeitung vom 28. Februar 2013, S. 12.

So mancher Kritiker startet mit einer Wertung (Kommentar-Komponente) in den Text. Diese Variante empfiehlt sich besonders für Kurzkritiken.

Beispiel für Kommentar-Einstieg (Theaterkritik „Stallerhof" von Franz Xaver Kroetz)

„Stallerhof" von Franz Xaver Kroetz ist eines der Stücke, die bei ihrer Uraufführung Skandal machen, dann flächendeckend nachgespielt werden, um schließlich als erledigte Fälle von den Bühnen zu verschwinden, und in den Archiven der Theatergeschichte abgelegt werden. [...]
Peter Laudenbach, Süddeutsche Zeitung vom 28. Februar 2013, S. 13.

Auf den Einstieg folgt oft eine mehr oder weniger ausführliche Inhaltswiedergabe (Berichtskomponente). Autoren, die damit bereits im Einstieg begonnen haben, können diese fortsetzen. Die Inhaltswiedergabe muss sich an den Bedürfnissen der Leser sowie der Komplexität des künstlerischen Werks orientieren.

Beispiele für Inhaltswiedergaben (Berichtskomponente)

Bespiel 1: Theaterkritik „Die Gespenster" von Henrik Ibsen, inszeniert von Thomas Ostermeier:

Witwe Alving will den Sohn schützen und verschweigt die Wahrheit über den Vater, einen Wüstling, der das Dienstmädchen schwängerte und dann in die Ehe mit dem versoffenen Tischler Engstrand abschob. Helene Alving ist eine desillusionierte Frau, die dem bigotten Pastor Manders scharf widerspricht, wenn der zu Gottes- und Gattenpflicht-Tiraden ausholt. Aber sie versucht dem Sohn Osvald die Illusion zu erhalten, der verstorbene Alving sei ein toller Hecht gewesen. Trotz Härte und Klarsicht wahrt sie den gutbürgerlichen Schein und kümmert sich um die uneheliche Tochter Alvings. Régine ist Dienstmädchen im Haus, ahnungslos, dass Osvald ihr Halbbruder ist. Der trägt als Erbe Syphilis in sich. Er weiß es, nicht aber, wer ihm die Krankheit vermacht hat. Er wirft ein Auge auf Régine – bis Frau Alvering das Familiengeheimnis lüftet.

Stephan Speicher, Süddeutsche Zeitung vom 23./24. März 2013, S. 14.

Beispiel 2: Theaterkritik „Die Schwammerlhex":

Auch sonst ist die Welt in der „Schwammerlhex" noch in Ordnung, [...]: Die Frauen decken den Tisch, bringen das Bier und werden vor allen Dingen geheiratet. Oder eben nicht, und das ist dann eine Katastrophe. So gesehen ist es nur konsequent, wenn die Haushälterin Lina (gespielt von Irmi Gillitzer) mit allen Mitteln versucht, den Bauern vom Meierhof vor den Altar zu zerren. Sie hätte eben nur nicht so dumm sein dürfen, sich der „Schwammerlhex" (Berthe Aldinger) im Dorf mit ihrem „Ratzengift" anzuvertrauen. Am Schluss wird Lina verstoßen und kann nur klagen: „Ich bin zum Unglück geboren!"

Kerstin Liesem und Ulrich Simon, Main-Echo vom 19. Oktober 1994.

Nach der Inhaltswiedergabe widmet sich der Kritiker in der Regel der konkreten Realisierung des Werks, der Inszenierung. In diesem Teil kann er bereits Meinungselemente einfließen lassen und Publikumsreaktionen einflechten.

Beispiele für die Auseinandersetzung mit der konkreten Realisierung des Werks (Berichtskomponente teilweise mit Meinungselementen durchwirkt)

Theaterkritik „Die Gespenster" von Henrik Ibsen, inszeniert von Thomas Ostermeier:

„Gespenster" ist Ibsens düsterstes Stück, entsprechend hat Ostermeier es im Théatre Vidy-Lausanne am Genfer See situiert. […] Ostermeier inszeniert das Grau in Grau mit einer Frau Alving, die nicht mehr die ältere Schwester der Nora ist. Sie hatte während der Ehe nicht mehr die Kraft, den Mann zu verlassen, jetzt aber stellt sie die calvinistischen Reinheits-gebote bürgerlicher Ehe konsequent in Frage. Valérie Dréville ist mehr Mutter-tier, weniger eine argumentierende Frau. Geblieben ist Bitterkeit und ein letzter Versuch, beim Pastor noch anzukommen. Bei Ibsen wird nichts daraus, bei Os-termeier schon. […]
Stephan Speicher, Süddeutsche Zeitung vom 23./24. März 2013, S. 14.

Theaterkritik „Stallerhof" von Franz Xaver Kroetz:

Frank Abt unterzieht das gut drei Jahrzehnte alte Stück jetzt an den Kammer-spielen des Deutschen Theaters Berlin einer Neubesichtigung. Um der Milieu-Naturalismus-Falle zu entgehen, stellt er seine Figuren auf eine abstrakte, weiße Bühne, eine gestaffelte, aseptisch cleane Spielfläche, die nun wirkt wie ein Men-schenbeobachtungslabor (Bühne: Anne Ehrlich). Ein von der Regie hinzugefüg-ter Erzähler (Thorsten Hierse), der jede Regieanweisung einspricht („Pause"), sorgt für weitere Distanz-Effekte und verstärkt den Labor-Appeal. […]
Peter Laudenbach, Süddeutsche Zeitung vom 28. Februar 2013, S. 13.

Auf den Berichtsteil folgt der Kommentarteil. In diesem hat der Autor nicht nur die Möglichkeit, das Geschehen zu analysieren und zu bewerten, sondern er kann auch mit seinem Fachwissen glänzen.

Beispiele für den Kommentarteil

Theaterkritik „Stallerhof" von Franz Xaver Kroetz:
Der Clou dieser sonst so auf Künstlichkeit setzenden Inszenierung ist die Be-setzung der Beppi: Mereika Schulz vom Berliner Behinderten Theater Thikwa spielt mit schöner Selbstverständlichkeit und Spielfreude. Das ist alles ordentlich, aber leider keine Neu-Entdeckung oder -Interpretation des alten Stücks. In seiner fürchterlich rechtschaffenen Didaktik bleibt es auch arg zäh und etwas ermüdend.
Peter Laudenbach, Süddeutsche Zeitung vom 28. Februar 2013, S. 13.

Kritik des Buches „F" von Daniel Kehlmann:
Hätte Kehlmann die Themen und die Figuren seines Buchs ernst genommen, „F" wäre der Roman einer ausgehöhlten Gesellschaft geworden. So wirkt das Buch wie die missglückte Fingerübung eines Schriftstellers, der auf der Suche nach der besonderen Form vor lauter Spielereien den Inhalt aus den Augen ver-

loren hat – und zudem erst im letzten der drei großen Kapitel über die Brüder
Friedland in Fahrt kommt. Man könnte auch sagen, das Buch ist Firlefanz. Ein
Wort mit „F" immerhin.
    Sebastian Hammelehle, Spiegel Online Kultur vom 29. August 2013,
    http://www.spiegel.de/kultur/literatur/daniel-kehlmann-neuer-roman-
    f-a-918780.html (Abruf am 30. Juli 2014).

Großen Wert sollten Autoren auf das Ende der Kritik legen. Eine Variante des Aus-
stiegs ist es, einen bestimmten Punkt der Kritik positiv oder negativ hervorzuheben. Eine andere Möglichkeit liegt darin, den Text mit einem Zitat oder einer Szene
abzuschließen. Häufig beenden Kritiker ihren Text mit einer abschließenden Bewertung samt nachrichtlicher Wiedergabe der Publikumsreaktion.

**Beispiel für abschließende Bewertung mit Wiedergabe der
Publikumsreaktion**
Filmkritik „Das Leben der Anderen"
Ohne Ulrich Mühe aber wäre das Drehbuch nicht mehr als eine exakte Labor-
beschreibung. Er spielt den Stasi-Hauptmann Wiesler, der anfangs seinen Stu-
denten an gefilmten Verhörbeispielen zeigt, wie man auch den hartnäckigsten
Staatsfeind weichkocht, derart grandios, dass der Rest des Staraufgebots sogar
ein wenig verblasst. Aber nur ein bisschen. […] Thomas Thieme und Martina
Gedeck komplettieren diese schauspielerische Glanzleistung. Am Ende gab es
großen Beifall.
    Reinhard Mohr, Spiegel Online Kultur vom 15. März 2006, http://www.
    spiegel.de/kultur/kino/das-leben-der-anderen-stasi-ohne-spreewaldgur-
    ke-a-406092.html (Abruf am 30. Juli 2014).

An das Ende der Kritik fügt sich oft ein Nutzwertteil an.

Beispiele für Nutzwertteil
Viel Lärm um Nichts 2., 3.9.; 21.–23.9; 29.–31.10., 20 Uhr Schaubühne,
T.: 89 00 23
    Berliner Zeitung vom 2. September, S. 24.

Unheil in den Bergen, Mo 20.15, ZDF
    Berliner Zeitung vom 2. September, S. 25.

Aus der Lektüre und Analyse vieler Kritiken lässt sich folgendes Grundgerüst herausdestillieren, an dem sich der Journalist orientieren kann.

Grundgerüst Kritik

Gedankliche Vorarbeit:
- Entwicklung einer klaren These.

Autor kann verdichtete These in Schlagzeile, Unterzeile oder im Vorspann aufgreifen.

Einstieg in Text:
- szenischer Einstieg,
- nachrichtlicher Einstieg,
- Personen-Einstieg,
- Anekdoten-Einstieg,
- Inhalts-Einstieg,
- Kommentar-Einstieg.

BERICHTSTEIL:
- Inhaltswiedergabe (z. B. des Theaterstücks, Buchs oder Films),
- Wiedergabe der Art und Weise der Darstellung (z. B. Inszenierung),
- Möglichkeit der Wiedergabe der Publikumsreaktion.

KOMMENTARTEIL:
- Analysieren und bewerten,
- alternative Möglichkeit der Wiedergabe der Publikumsreaktion.

Ausstieg:
- zusammenfassende Bewertung,
- Herausgreifen eines wichtigen Kritikpunkts,
- Szene,
- Zitat.

NUTZWERTTEIL:

Konkrete Hinweise wie zum Beispiel
- Wann findet die Theateraufführung statt?
- Wo findet das Konzert statt?
- Gibt es noch Karten?
- Wie viel kosten die Karten?
- Wo können die Karten erworben werden?
- Wie lange werden die Kunstwerke ausgestellt?

Ziel: Den Leser mit einem Werk vertraut machen, ihm eine Bewertung mit auf den Weg geben und konkreten Service bieten.

2.12.2   Die Kritik – die Sprache

Die Kritik ist eine journalistische Mischform. Sie enthält Elemente des Berichts (tatsachenbetonende Textsorte) und des Kommentars (meinungsbetonte Textsorte). Teilweise verwenden Kritiker auch typische Elemente von erzählenden Textsorten wie Szenen. Aufgabe der Kritik ist zum einen die Darstellung eines Geschehens, zum anderen dessen Bewertung.

Die Sprache muss sich dem jeweiligen Zweck der Kritik unterordnen. Kommt sie im Berichtsteil sachlich und nüchtern daher, so kann sie im Meinungsteil durchaus pointiert sein. Setzt der Autor Szenen ein, dann wird er zu einer Sprache greifen, die für die Reportage typisch ist.

Checkliste Kritik
BERICHTSTEIL
Sprache:
- sachlich und nüchtern.
Wortwahl:
- geläufige Wörter,
- wenige Adjektive,
- kaum Wortspiele,
- kaum Sprachbilder.
Zitate:
- dosierter Einsatz von Zitaten.
Satzbau:
- einfacher Satzbau,
- Schachtelsätze vermeiden,
- auf Verständlichkeit achten (Faustregel: Satz nicht länger als 25 Wörter).

KOMMENTARTEIL
Sprache:
- schlicht und geläufig,
- pointiert.
Wortwahl:
- Standardrepertoire an Verben,
- Standardrepertoire an Substantiven (meist sind Gattungsbegriffe ausreichend),
- Adjektive: pointiert.
Zitate:
- wenige.
Satzbau:
- Verständlichkeit ist oberstes Gebot.
- Schachtelsätze und Einschübe vermeiden.

2.13   Die Überschrift – der Köder

Egal, welche journalistische Darstellungsform Sie wählen: Jeder Text braucht eine Überschrift. Und diese muss zugkräftig sein. Denn neben dem Bild ist es die Überschrift, die dem Leser sofort ins Auge springt. Verspricht sie Spannung, so wird sich der Leser dem Text wahrscheinlich zuwenden. Empfindet der Leser sie als langweilig, wird er sich schnell abwenden. Oft ist es die Überschrift, die über Wohl und Wehe eines Artikels entscheidet. Deshalb sollte die Überschrift besonders „appetitlich angerichtet" sein. Sie ist der Köder.

Erinnern Sie sich noch an die Überschrift der „BILD"-Zeitung zur Wahl von Papst Benedikt XVI.? Damals titelte die Boulevardzeitung: *Wir sind Papst.* Diese Überschrift ist mittlerweile als stehender Begriff in die deutsche Sprache eingegangen. Auch die Überschrift von „die tageszeitung" (taz) zur Papstwahl war originell: Sie brachte eine schwarze Titelseite. Auf dieser stand in kleinen weißen Lettern: *Oh mein Gott.* Zugegeben, solche Schlagzeilen sind Glücksgriffe, die nicht jeden Tag gelingen. Trotzdem sollte sich der Journalist Tag für Tag darum bemühen, seine Überschriften zu etwas ganz Besonderem zu machen.

Eine gute Überschrift muss zwei Funktionen erfüllen: Zum einen muss sie den *Inhalt in Kurzform* präsentieren, zum anderen muss sie das Gegenüber zum *Weiterlesen* anregen. Sie muss interessant klingen und zum Lesen des Textes einladen – auch wenn der Text noch so trocken ist. Hier begibt sich der Schreiber auf eine Gratwanderung. Die Überschrift sollte zwar ein Köder sein. Trotzdem muss sie vom Inhalt des Textes gedeckt sein. Wer sich die Überschriften in Zeitungen oder Zeitschriften anschaut, dem wird auffallen, dass sie häufig in einer Art Telegrammstil verfasst sind.

Beispiele für Telegrammstil in Überschriften

Fabius und Kerry: Regimewechsel beschleunigen
  Frankfurter Allgemeine Zeitung vom 28. Februar 2013, S. 1.

Demokratie gut, Ergebnis schlecht
  taz vom 14. März 2013, S. 1.

In die Haifischflossensuppe gespuckt
  Frankfurter Allgemeine Zeitung vom 14. März 2013, S. 7.

Charakteristisch für Überschriften ist, dass in ihnen meist Verben oder Artikel fehlen.

Beispiele für das Fehlen von Verben und Artikeln in Überschriften

Streit in Berlin über Fiskalpakt
Frankfurter Allgemeine Zeitung vom 14. März 2013, S. 5.

Beamte statt V-Leute
Der Spiegel Nr. 11 vom 11. März 2013, S. 16.

Schatten des Sonnenkönigs
Der Spiegel Nr. 11 vom 11. März 2013, S. 26.

In vielen Redaktionen gilt die Devise: Wer in Überschriften Verben verwendet, sollte das Präsens als Zeitform verwenden. Der Grund ist ein ganz pragmatischer: Für die Formen des Futurs und des Perfekts braucht man Hilfsverben. Das macht die Überschrift länger.

Beispiele für die Verwendung der Zeitform Präsens in Überschriften

Bis zum Jahr 2015 steht E. on unter Umbaustress
Frankfurter Allgemeine Zeitung vom 14. März 2013, S. 13.

Funke scheitert am Rachefeldzug
Der Spiegel Nr. 11 vom 11. März 2013, S. 69.

Der bengalische Frühling ist von kurzer Dauer
taz vom 14. März 2013, S. 11.

Typisch für Überschriften ist außerdem, dass sie Personennamen stellvertretend für Staaten oder Unternehmen nennen.

Beispiele für Personennamen stellvertretend für Staaten oder Unternehmen

Cameron geht in die Offensive
taz vom 14. März 2013, S. 10.

Putin macht seine Beraterin zur Notenbankchefin
Frankfurter Allgemeine Zeitung vom 14. März 2013, S. 14.

Aufsicht bremst Jain
Wirtschaftswoche 11/2013 vom 11. März 2013, S. 11.

Und noch etwas fällt demjenigen auf, der sich Überschriften in Zeitungen und Magazinen genauer anschaut: Auch wenn diese aus einem vollständigen Satz bestehen, enden sie nie mit einem Punkt am Satzende. Das ist eine journalistische Besonderheit.

Auch Fragezeichen sind in Überschriften selten. In vielen Redaktionen sind sie verpönt mit der Begründung: Die *Leser* haben *Fragen* – uns Journalisten bezahlen sie für *Antworten*. Dass es immer wieder Ausnahmen gibt, in denen Autoren zum Fragezeichen greifen, beweisen folgende Überschriften:

Beispiele für Überschriften mit Fragezeichen

Der Papst ist unfehlbar? Praktisch nie
taz vom 14. März 2013, S. 13.

Keitel oder Lehner: Wer soll auf Cromme folgen?
Der Spiegel Nr. 11 vom 11. März 2013, S. 68.

Herzlose Justiz?
FOCUS Nr. 10/13 vom 4. März 2013, S. 18.

Wie bereits unter 2.9.4 erwähnt, verwenden Journalisten für Interviews in der Regel ein besonders „knackiges" wörtliches Zitat des Interviewten. Dieses Zitat hat die Aufgabe, den Leser in den Text „hineinzuziehen". Deshalb gilt: Es sollte möglichst aussagekräftig, griffig, überraschend oder kurios sein. Denn langweilige Zitate locken niemanden hinter dem Ofen hervor.

Beispiele für wörtliche Zitate des Interviewten

„Ich bin für Disziplin"
Der Spiegel Nr. 11 vom 11. März 2013, S. 69.

„Geldanlage war lange nichts, was Freude macht"
taz vom 14. März 2013, S. 13.

„Wir waren das KaDeWe des Fußballs"
Frankfurter Allgemeine Zeitung vom 14. März 2013, S. 23.

„Wir möchten einen Fleißbonus einführen"
Wirtschaftswoche 11/2013 vom 11. März 2013, S. 12.

Bei der Analyse vieler Überschriften fällt Folgendes auf: Es gibt einen unterschiedlichen Umgang mit Zitaten in Überschriften bei unterschiedlichen Medien. So betitelt das Nachrichtenmagazin „Der Spiegel" in der Regel ausschließlich *Interviews* mit Zitaten. Das hat den Vorteil, dass der Leser schon beim Scannen der Überschriften erkennt, bei welchen Artikeln es sich um Interviews handelt. Redaktionen von Tageszeitungen sind in dieser Hinsicht teilweise weniger konsequent. Bei ihnen können auch andere Textsorten wie der Bericht ein wörtliches Zitat als Überschrift haben.

Beispiele für wörtliche Zitate in Überschriften von Berichten

„Es ist ein Wunder"
Bericht über Holger Zastrow, der überraschend Parteivize der FDP wurde,
Süddeutsche Zeitung vom 11. März 2013, S. 5.

„Ein König stirbt im Bett"
Bericht zu Spekulationen über eine Abdankung von König Juan Carlos, Süddeutsche Zeitung vom 11. März 2013, S. 7.

„Der ist wie du"
Bericht zur Rolle von Robotern und Androiden, Süddeutsche Zeitung vom
11. März 2013, S. 8.

Sowohl in Zeitungen als auch in Zeitschriften bestehen Überschriften häufig aus einer *Schlagzeile* und einer *Unterzeile*. Damit verbunden ist eine klare Aufgabenteilung. Besonders bei Meldungen und Berichten transportiert die Schlagzeile die Nachricht im Telegrammstil. Die Unterzeile hat die Aufgabe, die Schlagzeile näher zu erläutern und in einen Zusammenhang zu stellen.

Beispiele für Schlagzeilen und Unterzeilen
SCHLAGZEILE: Kampf gegen Abzocker
UNTERZEILE: Abmahnungen dürfen nicht überteuert sein
Die Welt vom 14. März 2013, S. 1.

SCHLAGZEILE: Commerzbank zahlt zurück
UNTERZEILE: Hilfsgelder werden nicht mehr benötigt
Die Welt vom 14. März 2013, S. 1.

SCHLAGZEILE: Jubel und Begeisterung auf dem Petersplatz
UNTERZEILE: Nur fünf Wahlgänge haben die Kardinäle gebraucht, um den
neuen Papst zu wählen
Frankfurter Allgemeine Zeitung vom 14. März 2013, S. 2.

Bei vielen Texten zeigt sich noch eine andere Aufgabenteilung. Dort verfolgt die
Schlagzeile den Zweck, den Leser in den Text „hineinzuziehen" und sein Interesse
zu wecken. Aus der Schlagzeile allein kann der Leser jedoch oft noch nicht entnehmen, wovon der Text handelt. Aufschluss darüber gibt erst die Unterzeile.

Beispiele für Schlagzeilen und Unterzeilen

SCHLAGZEILE: Volkssport Downloaden
UNTERZEILE: Wer beim Herunterladen von Raubkopien erwischt wurde, ris-
kierte bisher den finanziellen Ruin – nun soll die Rechtslage entschärft werden
Frankfurter Allgemeine Zeitung vom 14. März 2013, S. 3.

SCHLAGZEILE: Bluttaten in New York
UNTERZEILE: Mann tötet mindestens vier Personen und flüchtet
Frankfurter Allgemeine Zeitung vom 14. März 2013, S. 7.

Besonders bei längeren Texten in Magazinen und Tageszeitungen erstreckt sich die
„Unterzeile" über mehrere Zeilen. Sie hat die Funktion eines Vorspanns. Dieser
enthält in der Regel die These des Artikels.

Beispiele für Schlagzeilen und Unterzeilen mit These des Artikels

SCHLAGZEILE: Unter Eierköppen
UNTERZEILE: Der Deutsche Martin Schulz spielt eine zentrale Rolle in Europa.
Als Präsident des Straßburger Parlaments will er seiner Institution mehr Macht
und vor allem größere Anerkennung verschaffen. Und sich selbst.
Der Spiegel Nr. 11 vom 11. März 2013, S. 30.

SCHLAGZEILE: Frau Parks Kampf um ihre Würde
UNTERZEILE: Japans Regierungschef Abe will die Geschichte umschreiben.
Zehntausende junger Koreanerinnen wurden in Bordelle verschleppt, aber er
leugnet japanische Kriegsverbrechen. Viele fürchten, dass die Frauen zum zwei-
ten Mal gedemütigt werden, wenn Abe sich durchsetzt.
Frankfurter Allgemeine Zeitung vom 14. März 2013, S. 3.

SCHLAGZEILE: Im Kuschelreich der Wohlstandsillusionen
UNTERZEILE: Vor zehn Jahren ging ein Ruck durch Deutschland. Globaler Wettbewerb, Rekordarbeitslosigkeit, die Überdehnung des Sozialstaats – die Welt drängt sich den Deutschen als Realitätsschock auf. Kanzler Schröder forderte „Mut zur Veränderung" – und änderte was. Angela Merkel zieh ihn einen Zauderer – und zaudert immer noch.
Wirtschaftswoche 11/2013 vom 11. März 2013, S. 20.

Besonders in Zeitschriften tritt zu Schlagzeile und Unterzeile noch die *Dachzeile* hinzu. Diese hat die Funktion, einen Artikel thematisch einzuordnen.

Beispiele

DACHZEILE: STIFTUNGEN
SCHLAGZEILE: Dankeschön per Gesetz
UNTERZEILE: Große Stifter können jetzt kleinere beschenken; Ehepaare sparen Steuern
Wirtschaftswoche 11/2013 vom 11. März 2013, S. 104.

DACHZEILE: TREND DER WOCHE
SCHLAGZEILE: Chinesisches Feuerwerk
UNTERZEILE: Die Aktienmärkte wetten auf eine bessere Weltkonjunktur; die Rohstoffmärkte sind skeptisch
Wirtschaftswoche 11/2013 vom 11. März 2013, S. 106.

Bei kleineren Meldungen fehlt oft die Unterzeile. Die Überschrift setzt sich aus Dach- und Schlagzeile zusammen.

Beispiele

DACHZEILE: BANKEN
SCHLAGZEILE: Funke scheitert mit Rachefeldzug
Der Spiegel Nr. 11 vom 11. März 2013, S. 69.

DACHZEILE: FIRMENWAGEN
SCHLAGZEILE: Nur der Neupreis gilt
Wirtschaftswoche 11/2013 vom 11. März 2013, S. 104.

Literatur

Arnold, B. (1982). Nachrichtenwert und Nachrichtenauswahl. *Media Perspektiven, 1/1982*, 28.

Fasel, C. (2008). Textsorten. Konstanz: Uvk Verlagsgesellschaft.

Haller, M. (2001). Das Interview (4. Aufl.). Konstanz: UvK Verlagsgesellschaft.

Pürer, H., Rahofer, M., & Reitan, C. (2004). Praktischer Journalismus (5. Aufl.). Konstanz: UvK Verlagsgesellschaft.

Schneider, W., & Raue, H.-P. (2012). Das neue Handbuch des Journalismus und Online-Journalismus. Hamburg: rororo.

Unterstöger, H. (1995). Vom Plunder zum Wunder. 50 Jahre Süddeutsche Zeitung. Beilage zur Süddeutschen Zeitung Nr. 230 vom 6. Oktober 1995, S. J92/93.

Weischenberg, S. (2001). Nachrichten-Journalismus. Anleitungen und Qualitäts-Standards für die Medienpraxis. Wiesbaden: VS Verlag für Sozialwissenschaften.

Wolff, V. (2011). Zeitungs- und Zeitschriftenjournalismus (2. Aufl.). Konstanz: Uvk Verlagsgesellschaft.

Weiterführende Literatur

Clark, R. P. (2008). Die 50 Werkzeuge für gutes Schreiben. Handbuch für Autoren, Journalisten & Texter. Berlin: Autorenhaus Verlag.

Egli von Matt, S., Gschwend, H., von Peschke, H.-P., & Riniker, P. (2008). Das Porträt (2. Aufl.). Konstanz: UvK Verlagsgesellschaft.

Femers, S. (2011). Textwissen für die Wirtschaftskommunikation. Stuttgart: UTB.

Haller, M. (2004). Recherchieren (6. Aufl.). Konstanz: UvK Verlagsgesellschaft.

Haller, M. (2006). Die Reportage (6. Aufl.). Konstanz: UvK Verlagsgesellschaft.

Häusermann, J. (2008). Schreiben. Konstanz: Uvk Verlagsgesellschaft.

Mast, C. (2012). ABC des Journalismus (12. Aufl.). Konstanz: Uvk Verlagsgesellschaft.

Müller-Dofel, M. (2009). Interviews führen. Ein Handbuch für Ausbildung und Praxis. Berlin: Econ.

Ortheil, H.-J. (2012). Schreiben dicht am Leben. Mannheim: Dudenverlag.

Reiter, M. (2009). Überschrift, Vorspann, Bildunterschrift (2. Aufl.). Konstanz: UvK Verlagsgesellschaft.

Schalkowski, E. (2011). Kommentar, Glosse und Kritik. Konstanz: UvK Verlagsgesellschaft.

Schneider, W., & Esslinger, D. (2007). Die Überschrift: Sachzwänge – Fallstricke – Versuchungen – Rezepte (4. Aufl.). Berlin: Econ.

Schneider, W., & Raue, H.-P. (2012). Das neue Handbuch des Journalismus und Online-Journalismus. Hamburg: rororo.

Schnibben, C. (2009). Wegelagerer. Die besten Storys der SPIEGEL-Reporter. Frankfurt am Main: Eichborn-Verlag.

von La Roche, W. (2013). Einführung in den praktischen Journalismus (19. Aufl.). Wiesbaden: Springer VS Verlag.

Das Internet

3

Zusammenfassung

Das dritte Kapitel widmet sich den Charakteristika von Online-Texten. Es zeigt webspezifische Besonderheiten auf, die es beim Gestalten von Online-Texten zu beachten gilt. Eingehend behandelt werden unterschiedliche Arten von Teasern und ihre jeweilige Aufgabe. Abschließend werden verschiedene Typen von Blogs vorgestellt sowie deren Aufbau, Struktur und Sprache erörtert.

Schlüsselwörter

Online-Medien · Online-Texte · Suchmaschinenoptimierung · Multimediales Erzählen · Links · Teaser · Blogs · Bilder · Audios · Videos

3.1 Der Siegeszug des Internets

Print oder Online? Diese Unterscheidung gibt es in der journalistischen Ausbildungspraxis nicht mehr, liegt doch die Zukunft im Miteinander und in der Verknüpfung. Wer vor 20 Jahren in den Journalismus startete, für den war klar: Ich werde Printjournalist, Radio- oder Fernsehmann. Dass die Grenzen zwischen diesen drei Massenmedien einmal stark verschwimmen würden, das ahnten damals nur wenige. Das Internet hat das journalistische Weltbild auf den Kopf gestellt, und das innerhalb nur eines Jahrzehnts.

Die Barrieren zwischen Print, Radio und Fernsehen, die lange als unüberwindbar galten, sind mittlerweile eingerissen. Warum? Weil sich die Technik enorm weiterentwickelt hat. Dank der Digitalisierung kann heute jeder mit relativ geringem Aufwand Inhalte – seien es Texte, Audio- oder Video-Beiträge – ins Netz stellen. Nahezu jede Tageszeitung und jedes Magazin hat mittlerweile eine Online-Version. So können sich die Leser schnell über das Weltgeschehen informieren.

K. Liesem, *Professionelles Schreiben für den Journalismus,*
DOI 10.1007/978-3-531-19008-2_3, © Springer Fachmedien Wiesbaden 2015

3.2   Schreiben für Online-Medien

Wie schreibt man für Online-Medien? Formuliert der Onliner anders als der Print-Journalist? Sind Online-Texte anders aufgebaut als Print-Texte? Ja und nein. Es gibt einige Unterschiede, aber auch viele Gemeinsamkeiten. So gelten die Grundregeln für eine professionelle journalistische Textproduktion[1] – wie im 1. Kapitel dieses Buches beschrieben – sowohl für Print- als auch für Online-Texte. Auch die Verständlichkeitsmodelle lassen sich auf Online-Texte übertragen.

Wer Texte für das Internet verfasst, muss sich zudem mit seiner Zielgruppe und mit deren Wünschen und Bedürfnissen auseinandersetzen. Denn wenn der Leser findet, dass ein Thema in einem Online-Medium nicht besonders gut dargestellt ist, klickt er schnell weiter zum nächsten Angebot. Deshalb muss sich derjenige, der professionelle Online-Texte verfassen möchte, im *ersten Schritt* überlegen: Was will mein Gegenüber? Was könnte ihn interessieren? Wonach könnte er suchen? In einem *zweiten Schritt* muss er dann darüber nachdenken: Wie kann ich ihm helfen, das zu finden, was er sucht?

3.2.1   Absätze und Zwischenüberschriften – Orientierung und Auflockerung

Der Leser im Internet scannt Texte. Er sucht sich die Informationen heraus, die für ihn wichtig sind. Deshalb müssen Online-Texte gut strukturiert sein und Orientierung bieten. *Absätze* und *aussagekräftige Zwischenüberschriften* sind dabei das A und O. Bleiwüsten verärgern den flüchtigen Leser im Netz. Wer Online-Texte analysiert, der bemerkt: Online-Texter machen deutlich mehr Absätze als ihre Print-Kollegen – oft schon nach zwei bis vier Sätzen. Das hilft dem Leser bei der Orientierung.

Auch Zwischenüberschriften sind für Internet-Texte wesentlich wichtiger als für Print-Texte. Sie haben zwei wesentliche Aufgaben: Zum einen helfen sie dem Leser, sich zu orientieren. Zum anderen lockern sie Texte optisch auf und machen diese besser lesbar.

Als Faustregel gilt: Nach zwei Absätzen sollte eine Zwischenüberschrift kommen. Dabei müssen die Zwischenüberschriften nicht besonders originell sein. Viel wichtiger ist, dass sie gut verständlich sind und genau zusammenfassen, worum es

---

[1] Der Grundsatz, das Wichtigste zuerst zu berichten, hat bei tatsachenbetonenden Online-Texten eine noch größere Relevanz als bei Printbeiträgen. Denn die Bildschirme sind relativ klein, besonders von mobilen Endgeräten wie Smartphones und Tabloid-Computern. Deshalb möchte der Leser möglichst schnell erfahren, worum es in einem Text geht.

in den folgenden Absätzen geht. Dies hilft dem Leser dabei, sich gut und schnell zurechtzufinden. Für den Autor hat es den Vorteil, dass er Suchmaschinenoptimierung betreiben kann. Das bedeutet konkret: In Zwischenüberschriften kann er die Schlüsselwörter *(Keywords)* unterbringen, die von Suchmaschinen gefunden werden sollen.

3.2.2   Die Überschrift – bei Online-Texten besonders wichtig

Unterschätzen Sie die Überschrift nicht! Sie ist bei Online-Texten besonders wichtig. Wer einen Print-Text vor sich hat, schaut sich zuerst die Bilder an. Bei Online-Texten schaut der Leser zuerst auf die Überschrift. Die Überschrift entscheidet also darüber, ob sich ein Leser einem Artikel zuwendet. Kommt die Überschrift also langweilig daher, dann ist die Gefahr groß, dass der Leser das Interesse am gesamten Text verliert. Selbst wenn die Geschichte im Fließtext noch so spannend erzählt ist, hat sie ihre Chance verspielt, gelesen zu werden. Wie entscheidend eine griffige Überschrift ist, wissen alle Autoren, die ihre Texte schon einmal mit unterschiedlichen Überschriften veröffentlicht haben. Nicht selten variieren die Klickzahlen deutlich.

Was ist bei der Überschrift eines Online-Textes zu beachten? Sie sollte die wichtigste W-Frage beantworten. Welche dies sind, hängt vom konkreten Beitrag ab. Oft ist es die Frage: Wer tut was?

Außerdem sollten Online-Überschriften das Wesentliche des Inhalts im Telegrammstil zusammenfassen. Dabei haben gewisse Reizwörter auf den Leser eine magische Anziehungskraft. Und zwar solche, die die natürliche Neugier des Lesers, befriedigen (Human Interest). Dazu zählen die Wörter Sex, Skandal, Trauer, Affäre, Hoffnung, Eklat und Blutbad. Auch bei flüchtigen Lesern ist die Wahrscheinlichkeit hoch, dass sie sich Texten zuwenden, die diese Reizwörter bereits in der Überschrift transportieren. Beliebt sind daneben auch Superlative wie „die größten", „die besten" oder „die tollsten".

Außerdem sollte eine gute Online-Überschrift möglichst kurz sein. Das bedeutet: Die wichtigsten Begriffe und Schlagwörter müssen nach vorne. Denn Studien zufolge lesen Menschen Web-Schlagzeilen weniger sorgfältig als Überschriften in Zeitungen oder Zeitschriften. Beim oberflächlichen Scannen erfasst der Leser lediglich elf Zeichen. Zudem müssen Überschriften verständlich sein. Im Web gibt es – anders als bei den meisten Printtexten – oft keine Unterzeile[2], die eine zunächst unverständliche Schlagzeile näher erläutern könnte. Deshalb muss bereits der Titel Klartext reden. Schlagzeilen wie „Geschafft" oder „Ungelebtes Leben"

---

[2] Dafür gibt es oft eine Dachzeile, die meist nur aus einem oder wenigen Wörtern besteht.

(beide in stern 11/2013, S. 77 und 91) funktionieren in Print-Texten, denn sie wecken das Interesse des Lesers. Damit erfüllen sie ihre wichtigste Aufgabe. Für Erklärungen und Zusammenhänge ist die Unterzeile beziehungsweise der Vorspann da. Ohne Unterzeile sind diese Überschriften jedoch unverständlich. Der flüchtige Leser weiß nicht, was ihn erwartet. Die Zeit, sich näher mit dem Artikel zu beschäftigen, hat er nicht. Deshalb ist die Wahrscheinlichkeit groß, dass er sich einem anderen Artikel zuwendet.

Suchmaschinen wie Google sind ein weiterer Grund dafür, dass Überschriften verständlich sein sollten. Denn viele Internet-Nutzer geben Stichwörter und Suchbegriffe in Suchmaschinen ein. Daraufhin spucken die Suchmaschinen Artikel und Beiträge zum gewünschten Thema aus. Bei Google gibt es eine Besonderheit, die der Online-Texter kennen muss. Google liest Überschriften nur bis zum 60. Zeichen. Deshalb sollte sich das Thema in den ersten 60 Zeichen erschließen. Wenn es in einem Beitrag zum Beispiel um „Burnout" geht, dann sollte das Wort „Burnout" in den ersten 60 Zeichen der Überschrift vorkommen. Hat der Autor bei der Online-Schlagzeile auf das Schlüsselwort „Burnout" verzichtet, dann wird die Suchmaschine die Überschrift nicht mit dem Schlüsselwort verbinden und sie nicht anzeigen. Deshalb gilt als Faustregel beim Texten von Überschriften: Wichtige Schlagwörter gehören nach vorne. Innerhalb der ersten 60 Zeichen müssen die *Keywords* vorkommen. Kreative Wortspiele, originelle Zitate oder rätselhafte Anspielungen, deren Sinn sich erst nach dem Lesen des Textes erschließen, eignen sich deshalb nicht für Web-Überschriften.

Vielleicht werden Sie jetzt einwenden: Aber die Suchbegriffe stehen doch im Text. Dann wird die Suchmaschine den Artikel dennoch finden. Damit haben Sie recht. Aber: Suchmaschinen gewichten Überschriften deutlich höher als den Fließtext. Und Sie haben wenig gewonnen, wenn Google Ihren Artikel zwar findet, diesen aber erst auf Position 20 anzeigt. Dann ist die Wahrscheinlichkeit sehr gering, dass der Online-Leser ihn noch anklickt. Meist hat er das, was er sucht, schon vorher gefunden.

3.2.3 Der Teaser – die Kunst, zu verführen

Eine Besonderheit bei Web-Texten ist der Teaser. Als Teaser[3] bezeichnet der On-line-Journalist kurze Anreißer-Texte auf der Startseite oder der Themenüberblick-

---

[3] Das Wort Teaser kommt vom Englischen „to tease" und bedeutet so viel wie reizen, necken. Ein Teaser ist ein Text, der den Leser zum Weiterlesen oder Weiterklicken animieren soll. In der Film- und Fernsehbranche versteht man unter dem Teaser einen kurzen Werbespot für einen Film oder auch einen Teil eines Films, der vor dem Vorspann gezeigt wird.

seite eines Online-Mediums. Der Teaser hat die Aufgabe, das Interesse des Lesers zu wecken. Die Idee dahinter: Wem der Teaser gefällt, der wird auch den weiteren Text lesen wollen. Der Teaser muss die Story verkaufen und das Besondere herausstellen. Der kurze Anreißer-Text auf der Startseite einer Homepage fungiert somit als Einstieg in einen ausführlichen Beitrag auf einer nachfolgenden Website. Oft ist er das Zünglein an der Waage, das darüber entscheidet, ob ein Text gelesen wird oder nicht. Deshalb: Investieren Sie Zeit in den Teaser. Der Einsatz wird sich auszahlen.

Wie ist ein Teaser aufgebaut? Einen Teaser zu schreiben gleicht oft einer Gratwanderung. Denn der kurze Anreißer-Text sollte den Leser auf der einen Seite darüber informieren, wovon der Text handelt. Auf der anderen Seite darf er die Quintessenz oder die Pointe noch nicht vorwegnehmen. Sonst hat niemand mehr Lust, den gesamten Text zu lesen. Bildlich gesprochen ist der Teaser der Appetizer, der Lust macht auf die Hauptspeise. Wichtig ist, dass der Journalist im Teaser nichts verspricht, was er später nicht einhalten kann. Sonst fühlt sich der Leser betrogen.

Die meisten Teaser sind kurz, klar und prägnant. Ihre Autoren verwenden eine leicht verständliche Sprache und kurze, einfach gebaute, gut nachvollziehbare Sätze. Außerdem bietet es sich an, im Teaser *Keywords* zu verwenden, die im Text auch wirklich vorkommen (Stichwort *Suchmaschinenoptimierung*).

Wie lang sollte ein Teaser sein? Dafür gibt es kein Patentrezept. Vielmehr hängt die optimale Länge vom Content-Management-System[4] ab, das der Texter verwendet. Die Teaser bei „Spiegel Online" sind in der Regel fünf Zeilen lang. Bei den Online-Seiten der „Frankfurter Allgemeinen Zeitung" (faz.net) und der „BILD"-Zeitung (bild.de) variiert die Teaser-Länge zwischen drei und sechs Zeilen.

In der journalistischen Praxis haben sich mehrere Teaser-Arten herausgebildet, die im Folgenden vorgestellt werden sollen.

3.2.3.1 Der Text-Teaser

Einen Text-Teaser zu verfassen, ist einfach. Der Autor übernimmt einfach den Vorspann seines Textes. Der Vorteil des Text-Teasers: Es geht schnell. Der Nachteil: Meist hat der Teaser im Content-Management-System eine vorher festgelegte Länge. Das kann dazu führen, dass der Teaser kein runder, in sich abgeschlossener Text ist. Oder, dass er mitten im Satz oder Wort abbricht. Außerdem kann es den Leser langweilen, wenn er den Artikel öffnet und den kurz zuvor gelesenen Teaser jetzt als Texteinstieg ein zweites Mal lesen muss.

---

[4] Ein Content-Management-System (kurz: CMS) oder übersetzt „Inhaltsverwaltungssystem" ist ein System zur gemeinschaftlichen Erstellung, Bearbeitung und Organisation von Inhalten. Diese können aus Text- und Multimedia-Dokumenten bestehen. Der Autor kann ein solches System in den meisten Fällen ohne Programmier- oder HTML-Kenntnisse bedienen.

Übernahme des Vorspanns:

Lustkauf ausgeschlossen

Hartz-IV-Experiment einer Main-Echo-Reporterin, Teil 2 – Nur vier Schritte vom Eingang des Discounters entfernt lockt die Filiale einer Bäckereikette mit dem Duft von frischem Brot. Mein Tempo verlangsamt sich, ich gehe weiter, nur um nach kurzem Zögern umzudrehen. Vor der Bäckertheke stehend frage ich: „Haben Sie auch Brot vom Vortag?" In der zweiten Woche des Experiments, mich mit dem Verpflegungsbudget eines Hartz-IV-Empfängers zu ernähren, ist mir diese Frage unangenehm. →mehr ...

Main-Netz, Der Main-Echo-Online-Dienst, http://www.main-netz.de/ (Abruf am 17. März 2013).

Abbruch mitten im Satz:

Esselbachs Bürgermeister Hofmann tritt zurück

Esselbachs Bürgermeister Klaus Hofmann tritt voraussichtlich zum 30. April zurück. Das bestätigte gestern auf Anfrage Oberlandesanwältin Karin Stiller von der →mehr ...

Main-Netz, Der Main-Echo-Online-Dienst, http://www.main-netz.de/ nachrichten/regionalenachrichten/hessenr/art11995,2519185 (Abruf am 17. März 2013).

3.2.3.2 Der Geschichten-Teaser

Leser mögen Geschichten. Denn diese verdichten Informationen und Nachrichten so, dass das Gehirn sie sich merkt. Deshalb sind *Geschichten-Teaser* beliebt, die eine in sich geschlossene Geschichte erzählen und neugierig machen.

Amerikas Konservative

Mit Waffen und Cola gegen Obama

Krude Sprüche, ein neuer Favorit und der erbitterte Kampf gegen das liberale Amerika: Die rechte Fraktion der Republikaner zimmert sich auf ihrem Washingtoner Treffen die Welt, wie sie ihr gefällt. Die Moderaten sind chancenlos. Aus Maryland berichten Sebastian Fischer und Sandra Sperber (Video) mehr ...

Spiegel Online, http://www.spiegel.de/politik/ausland/us-republikaner-kaempfen-gegen-praesident-obama-und-um-eigene-partei-a-889315.html (letzter Abruf am 30. Juli 2014).

Neue AGB für Bahn-Card-Kunden
Bahn will Reiseprofile ihrer Kunden vermarkten
Die Deutsche Bahn beackert einem Medienbericht zufolge eine weitere Einnahmequelle: Die Reisedaten von Vielfahrern sollen analysiert und an Werbekunden verkauft werden. Datenschützer schäumen.
mehr…

> stern.de, http://www.stern.de/reise/service/neue-agb-fuer-bahn-card-kunden-bahn-dementiert-weitergabe-von-kundendaten-1985083.html (letzter Abruf am 30. Juli 2014).

3.2.3.3 Der nachrichtliche Teaser

Eine andere Variante ist der *nachrichtliche Teaser*. Er transportiert Kerninformationen und beantwortet zudem die wichtigsten W-Fragen. Der nachrichtliche Teaser bietet sich für Themen an, bei denen eine Nachricht im Mittelpunkt steht. Bei Themen also, die aus sich heraus so viel Nachrichtenwert haben, dass sie dem Leser nicht noch eigens schmackhaft gemacht werden müssen.

Beispiel für nachrichtlichen Teaser

Indien
Gruppe vergewaltigt Schweizer Touristin
Ein Schweizer Ehepaar wurde von mehreren Männern überfallen, die Frau anschließend vergewaltigt. Das Paar war mit Fahrrädern in der Nähe der Tempelstadt Orchha, 450 Kilometer südlich von Neu-Delhi, unterwegs.
mehr …
Von Michael Radunski, Neu Delhi

> FAZ.NET, http://www.faz.net/aktuell/gesellschaft/kriminalitaet/indien-gruppe-vergewaltigt-schweizer-touristin-12117148.html (letzter Abruf am 30. Juli 2014)

3.2.3.4 Der Cliffhanger-Teaser

Für Spannung beim Lesen sorgt der *Cliffhanger-Teaser*. Er lässt den Leser bewusst in der Luft hängen beziehungsweise über der Klippe baumeln, um ihn neugierig zu machen. Bekannt sind *Cliffhanger* aus Fernsehserien, zum Beispiel aus der „Lindenstraße": Die Handlung bricht mitten in einer spannenden Szene ab. Die Folge: Der Zuschauer fiebert der Fortsetzung entgegen. In einem Cliffhanger geht es darum, eine Andeutung zu machen oder eine Geschichte anzureißen. Die Auflösung folgt, wenn der Leser auf „weiter" oder „mehr" klickt. Cliffhanger eignen sich vor allem für „bunte Geschichten" und sollten gut dosiert werden. Denn allzu oft eingesetzt, kann der Cliffhanger den Leser nerven.

Beispiel für Cliffhanger-Teaser

Geheimtreffen mit Merkel
Was Sie hier lesen, hätten Sie eigentlich nie lesen sollen. Am Montag hatte Joachim Löw (53) einen geheimen Termin in Berlin.
mehr...
   Bild.de, http://www.bild.de/sport/fussball/joachim-loew/jogi-bierhoff-und-merkel-29540928.bild.html (letzter Abruf am 30. Juli 2014).

3.2.3.5   Der Frage-Teaser
Spannung erzeugen und Neugierde wecken – das kann auch mit dem *Frage-Teaser* gelingen. Dabei wirft der Journalist eine Frage auf. Um den Leser nicht zu enttäuschen, muss er der Frage im Fließtext auch auf den Grund gehen.

Beispiel für Frage-Teaser

Volkskongress in Peking: Parteichef Xi beschwört „chinesischen Traum"
Gibt es nach dem amerikanischen Traum jetzt auch einen „chinesischen Traum"? Diesen hat der neue Parteichef Xi zum Abschluss des Volkskongresses in Peking gefordert – die Haltung besteht aus Patriotismus, Reform und Innovation.
mehr... [Video | Forum]
   Spiegel Online, http://www.spiegel.de/politik/ausland/xi-fordert-auf-volkskongress-chinesischen-traum-a-889318.html (letzter Abruf am 30. Juli 2014).

3.2.3.6   Der Interaktions-Teaser
Das Internet bietet die Möglichkeit der Interaktion und Partizipation. Deshalb verwenden Online-Journalisten den *Interaktions-Teaser*. Und zwar vor allem dann, wenn die Leser sich beteiligen sollen: Diskutieren Sie mit! Raten Sie mit! Stimmen Sie ab! Testen Sie Ihr Wissen!

Beispiel für Interaktions-Teaser

Fashion Profi oder Modemuffel?
Das große BILD.de-Designer-Raten
Fashion-Profi, Modemuffel oder Schnäppchenjäger: Testen Sie Ihren modischen Sachverstand.
mehr...
   Bild.de, http://www.bild.de/lifestyle/mode-beauty/luxus/mode-quiz-erkennen-sie-die-designer-29523572.bild.html (letzter Abruf am 30. Juli 2014).

3.2.4 Schrift, Farben und Unterstreichungen – Besonderheiten bei Online-Texten

Wer Online-Texte analysiert, wird sehen: Die meisten Online-Medien verwenden serifenlose Schriften wie Verdana, Helvetica oder Arial. Diese Schriftarten verzichten auf die kleinen Striche am Fuß oder Kopf der Buchstaben (Serifen). Das ist angenehmer für das Auge des Online-Lesers.

Auch Kursiv-Schriften sind am Bildschirm schlecht lesbar. Wenn Online-Autoren Wörter oder Textteile betonen wollen, dann fetten sie die Passagen oder schreiben die betreffenden Wörter groß.

Unterstreichungen setzen professionelle Online-Autoren ausschließlich für Links ein. Das wissen die Leser. Daran haben sie sich gewöhnt. Wenn sie also sehen, dass ein Wort oder eine Passage unterstrichen ist, erwarten sie einen Link, also einen Verweis auf weitergehende Informationen. Wer nur unterstreicht, um ein Wort hervorzuheben, verwirrt den Leser.

Wer Online-Texte schreibt, sollte Textpassagen zudem nicht ohne Grund farbig markieren. Denn eingefärbte Wörter verbindet der Leser ebenfalls mit Links. Diese Erwartungshaltung sollte der Onliner nicht enttäuschen.

Und noch etwas: Im Internet gibt es keine Silbentrennung. Wenn Sie den Blocksatz wählen, dann können hässliche Löcher entstehen. Deshalb besser linksbündig schreiben.

3.2.5 Richtig verlinken

Links sind typisch für Online-Texte. Sie geben dem Autor die Möglichkeit, verschiedene Webseiten miteinander zu vernetzen. Links sollen dem (flüchtigen) Leser bei der Orientierung helfen. Deshalb müssen sie für den Nutzer sofort und eindeutig zu erkennen sein. Dabei gibt es unterschiedliche Möglichkeiten, Links zu setzen.

Mittlerweile hat es sich eingebürgert, dass Links farbig und/oder unterstrichen sind. Bei der Auswahl der Farben gibt es keine Vorgaben. Wichtig ist aber, dass Links eines Mediums immer gleich aussehen. Denn nur so haben sie einen Wiedererkennungswert für den Leser. Außerdem sollten sie sich klar vom Fließtext abheben.

Wichtig ist auch, dass Links aktiv sind. Denn was nutzt ein noch so schöner Link, wenn er ins digitale Nirwana führt? Wie viele Links ein Journalist setzt, dafür gibt es keine Regeln. Die Anzahl der Links ist in der Regel abhängig vom Thema und von der Länge des Artikels. Allzu eifrig sollte jedoch kein Online-Journalist Links setzen. Denn er muss sich immer wieder ins Gedächtnis rufen, dass die meisten Leser nicht allzu viel Zeit mitbringen. Deshalb ist ein „Literaturverzeichnis" mit 40 weiteren Artikelhinweisen sicherlich in den meisten Fällen zu viel. In der Regel enthält ein Artikel ein bis fünf Links.

Wer sich überlegt hat, welche Passagen er verlinken will, für den stellt sich eine
weitere Frage: Wohin soll ich den Link setzen? Eine Möglichkeit ist es, Links direkt
im Fließtext zu setzen.

Beispiel für Links im Fließtext

Wütende Bankkunden in Zypern: „Sie haben uns betrogen"
[…] Nikosia – Es ist ein bisher einmaliger Vorgang im Kampf gegen die <u>Euro-
Krise</u>: Sämtliche Kunden zyprischer Banken müssen <u>eine Sonderabgabe</u> leisten.
„Wir bestrafen Zypern nicht", hatte Euro-Gruppen-Chef Jeroen Dijsselbloem
versichert, nachdem sich die EU-Finanzminister am Samstagmorgen auf das
Rettungspaket <u>mit dieser Klausel</u> geeinigt hatten. Doch viele Menschen in dem
Land haben genau das Gefühl: „Sie bestrafen uns einfache Zyprer", zitiert die
Agentur dpa einen Ingenieur in der Hauptstadt Nikosia. […] Die Empörung
der Menschen ist groß. „Das ist eine Katastrophe", sagt ein 45-jähriger Zyprer.
Er wollte seine Ersparnisse abheben – allerdings zu spät. „Ich fühle mich wie alle
anderen: Genervt und wütend", sagt ein anderer Mann in Nikosia <u>der BBC</u>. „Für
uns ist das eine wirklich schwierige Situation." […]
        http://www.spiegel.de/wirtschaft/soziales/zwangsgabe-in-zypern-sparer-
unter-schock-a-889378.html (Abruf am 30. Juli 2014).

In diesem Beispiel sind die Begriffe „Euro-Krise", „eine Sonderabgabe", „mit dieser
Klausel" und „der BBC" unterstrichen. Damit zeigt Spiegel Online an, dass es sich
um Links handelt. Wer einen dieser Links anklickt, landet auf einer anderen Seite,
die Artikel, Hintergründe und Fakten zu den markierten Begriffen bereithält.
    Neben dieser Variante hat der Online-Journalist noch eine weitere Möglichkeit,
seine Links zu verorten: Er kann sie sammeln und an das Ende oder an den Rand
der Seite setzen.

Beispiel für Links am Seitenende

Teilenteignung von Sparern: Griechenland fürchtet Zypern-Schock (17.03.2013)
Wütende Bankkunden in Zypern: „Sie haben uns betrogen" (17.03.2013)
EU-Hilfspaket für Zypern: Abgabe trifft russische Bankkunden hart (17.03.2013)
EU-Hilfspaket: Zypern verschiebt Enteignungsbeschluss (17.03.2013)
Kommentar: Ran an die Ersparnisse der Bankkunden (16.03.2013)
Teilenteignung der Bankkunden: Zypern-Deal entsetzt griechische Sparer
(16.03.2013)
Einigung in Brüssel: So müssen die Bankkunden Zypern retten (16.03.2013)
Einigung in Brüssel: FDP stellt Bedingungen für Zypern-Hilfe (16.03.2013)
        Spiegel Online, http://www.spiegel.de/politik/ausland/euro-rettung-zypern-
·hadert-mit-zwangsabgabe-a-889346.html (letzter Abruf am 30. Juli 2014).

Diese Variante hat den Vorteil, dass der Leser in seinem Lesefluss nicht von Links abgelenkt wird. Außerdem ist diese Vorgehensweise sehr übersichtlich. Denn die verschiedenen Artikel zum Thema stehen geordnet untereinander. Zudem hat der Autor die Möglichkeit, das Thema des Links durch die Nennung der Artikelüberschrift ausführlicher zu beschreiben, als dies innerhalb des Textes möglich wäre. Dennoch hat die Link-Sammlung auch einen entscheidenden Nachteil: Sie kann leicht übersehen werden. Zumal, wenn sie am linken oberen Rand steht. Denn in der Regel wird der Leser, der sich für einen Text interessiert, nach unten scrollen. Damit verliert er eine oben stehende Link-Sammlung leicht aus dem Blick.

Eine weitere Möglichkeit ist eine Mischform der bisher beschriebenen Varianten. So kann der Online-Journalist Links im Fließtext setzen und weiterführende Artikelhinweise an das Ende des Fließtextes platzieren. Das ist eine sehr übersichtliche Variante, in der der Leser die Artikel im Ganzen im Blick hat.

Beispiel für Mischform

Zypern-Kommentar

Das Vertrauen

18.03.2013 – In Zypern sollen die Kleinsparer an der „Rettung" des Euro beteiligt werden. Der deutsche Regierungssprecher sieht sich gleich genötigt, Merkels Einlagengarantie aus dem Jahr 2008 zu bekräftigen. So stark ist das Vertrauen in dieser Krise verloren gegangen.

Von Holger Steltzner

Am Tag danach wird wieder das „Blame Game" gespielt. Jeder ist schuld, nur man selbst nicht. Keiner will auf dem jüngsten Euro-Krisengipfel die Idee gehabt haben, auch von Konten zyprischer Kleinsparer Geld für die „Rettung" des Euro abzuziehen. Plötzlich ist das Chaos wieder da, diesmal in den Köpfen der Sparer, nicht an den Märkten.

In deutschen Radiosendern läuft im O-Ton die Versicherung der Bundeskanzlerin aus dem Jahr 2008. Wer erinnert sich nicht? Große Koalition, Bankenkrise, Hunderter werden knapp. Im Kanzleramt treten Angela Merkel und Peer Steinbrück vor die Kameras: „Wir sagen den Sparerinnen und Sparern, dass ihre Einlagen sicher sind."

[...]

Mehr zum Thema

- Verursacher des Zypern-Chaos schieben sich die Schuld gegenseitig zu
- Zwangsabgabe: Deutsche Sparer bleiben verschont
- Schäuble beharrt nicht auf Kleinsparer-Beteiligung
- Zypern: Bittere Pillen statt Pralinen aus Brüssel - Zyprer erzürnt

    FAZ.NET, http://www.faz.net/aktuell/wirtschaft/zypern-das-vertrau-en-12119757.html (Abruf am 30. Juli 2014.).

Teilweise wird die Linksammlung auch mitten im Fließtext platziert. Das sieht dann so aus.

Beispiel für Linksammlung mitten im Fließtext

Arbeitswege
Lange Fahrten ins Büro
18.03.2013 – Für ihren Wunscharbeitsplatz sind viele junge Menschen bereit, lange Anfahrtswege in Kauf zu nehmen. Mehr als die Hälfte der Berufseinsteiger schreckt selbst vor einer Stunde Fahrt nicht zurück, besagt eine repräsentative Umfrage. […]

Mehr zum Thema
• Mobilität und Gesundheit: ICE statt Umzugswagen
• Berufspendler: Lange Wege ins Büro

Die jungen Menschen sind offensichtlich aus der Ausbildungszeit Kummer gewöhnt: Schon heute braucht ein Drittel der Befragten (33 Prozent) für den Weg zu Universität, Schule oder zum Arbeitsplatz tatsächlich bereits tagtäglich mehr als eine halbe Stunde. […]
FAZ.net, http://www.faz.net/aktuell/beruf-chance/arbeitswelt/arbeitswege-lange-fahrten-ins-buero-12119253.html (Abruf am 30. Juli 2014).

Für welche Variante sich Online-Journalisten entscheiden, ist letztlich Geschmacksache. Außerdem hängt es vom Content-Management-System ab, das in der jeweiligen Redaktion verwendet wird. Egal, wie Sie verlinken: Entscheidend ist, dass Sie einheitlich verlinken. Denn unterschiedliche Verlinkungstechniken können den Leser verwirren.

Wichtig ist, dass auch der flüchtige Leser sofort erkennen kann, worum es in dem Link geht. Deshalb sollten Online-Journalisten darauf achten, dass die Links nicht zu lang werden.

Beispiel für zu langen Link

Rettungspaket für Zypern: Schonung für Kleinsparer
Von Christian Rickens
(...) Kleinsparer sollten anders behandelt werden als die Inhaber großer Vermögen. Beträge unter 100.000 Euro sollten vollständig garantiert sein, empfahl Euro-Gruppenchef Jeroen Dijsselbloem im Anschluss an die Telefonkonfe-

renz. Die Entscheidung über die Gestaltung der Abgabe liegt nun bei der Regierung des hoch verschuldeten Landes. Ob es tatsächlich bei der Grenze von 100.000 Euro bleibt, ist damit noch offen. Laut Nachrichtenagentur dpa wird in Nikosia erwogen, nur Kleinsparer mit Guthaben bis 20.000 Euro zu verschonen, darüber hinaus könnte es bei der ursprünglich geplanten Abgabe von 6,75 Prozent bleiben. (...)

Spiegel Online, http://www.spiegel.de/wirtschaft/soziales/euro-gruppe-gibt-zypern-mehr-spielraum-bei-zwangsabgabe-a-889629.html (Abruf am letzter Abruf am 30. Juli 2014).

3.2.6   Bilder, Audio-Dateien, Videos – das Web als multimediales Medium

Das Internet ist ein multimediales Medium. Online-Texte haben deshalb gegenüber Print-Texten einen enormen Vorteil. Sie können leicht und schnell mit Bildergalerien, Audio-Dateien und Videos illustriert werden. Das macht die Texte lebendiger und wirkungsvoller. Wer beliebte Online-Medien anklickt, dem wird auffallen, dass es dort häufig Bildergalerien gibt. Sie machen eine Geschichte anschaulich und plastisch. Manche Online-Redakteure handeln aber nach dem Motto: Hauptsache, viele Bilder, weil ich so nur wenig Text schreiben muss. Dann werden emotionale Bilder dazu missbraucht, eine Geschichte zu erzählen. Das funktioniert in aller Regel nicht – abgesehen von Geschichten, die sich durch die Bilder von selbst erklären.

Große Bildergalerien bringen zwar eine hohe Klickrate. Aber fragen Sie sich doch einmal selbst? Haben Sie Lust, 20 oder mehr Bilder anzuklicken, um eine Ahnung von der Geschichte zu bekommen, die sich möglicherweise dahinter verbergen könnte? Deshalb ein Tipp: Setzen Sie Bildergalerien eher sparsam ein. Und nur, um eine Geschichte oder Botschaft zu illustrieren. Denn Bilder können nie den erklärenden Text ersetzen. Wer nur auf schöne Bilder setzt und sich dadurch hohe Klickraten erhofft, erreicht oft das Gegenteil: Die Onliner verlieren das Interesse.

Auch Grafiken sind im Internet beliebt. Denn sie illustrieren eine Botschaft oder Geschichte. Das freut den Leser. Allerdings sollte man sie nicht in der vollen Größe in den Artikel integrieren, sondern so einstellen, dass sie sich auf Mausklick vergrößern. Aber auch hier gilt: Sie dürfen nicht für sich allein stehen. Sie brauchen eine Legende.

3.3   Journalistische Blogs

Viele Medien sind im Web 2.0[5] aktiv und betreiben eigene Blogs.[6] Diese beschreibt Blogger Klaus Eck (Eck 2007, S. 16) wie folgt:

> In seiner ursprünglichen Bedeutung ist der Begriff ‚Weblog‘, der sich aus den Worten ‚Web‘ und ‚Log‘ zusammensetzt und oft zu ‚Blogs‘ verkürzt wird, mit dem Logbuch verwandt. In die Online-Journale werden – ähnlich wie in ein Fahrtenbuch – Texte chronologisch eingetragen.

Der Blog bietet dem Leser die Möglichkeit der Partizipation. So können die Leser Beiträge, Fotos oder Videos des Bloggers kommentieren, das Thema diskutieren und weitere Aspekte aufgreifen. Durch Vernetzung (mittels Kommentierung oder Verlinkung) der Blogs untereinander gewinnen diese in der sogenannten Blogosphäre an Bedeutung.

Zweck, Aufbau und Inhalt der Blogs von professionellen Journalisten sind sehr unterschiedlich. Wegen der Fülle der Blogs muss sich dieses Buch darauf beschränken, Einzelne herauszugreifen und näher zu beleuchten – ohne Anspruch auf Vollständigkeit.

3.3.1   Themenzentrierte Blogs

Bei der Analyse von Blogs fallen drei Dinge auf: Zum einen betreiben die meisten Qualitätsprintmedien mehrere Blogs im Netz. Zum anderen widmen sich professionelle journalistische Blogs oft einem bestimmten Themenfeld (themenzentrierte Blogs). Dieses Themenfeld kann durchaus exotisch sein und in der Print-Ausgabe der entsprechenden Zeitung oder Zeitschrift nur selten zur Sprache kommen. Zum Dritten sind Blogs häufig Gemeinschaftsprojekte mehrerer Journalisten.

Journalisten der „Frankfurter Allgemeinen Zeitung" beschäftigen sich in ihren Blogs beispielsweise mit Wirtschafts- und Finanzthemen („Fazit – Das Wirtschaftsblog"), mit juristischen Fragen („Das letzte Wort"), mit der Arbeitswelt („Per Anhalter durch die Arbeitswelt") oder der Tierwelt („Tierleben"). Die Asien-Redak-

---

[5] Definition nach Pfannenberg J. (2011), S. 7: „Als Web 2.0 wird im Allgemeinen eine Gruppe von interaktiven und kollaborativen Kanälen und Instrumenten des World Wide Web bezeichnet."

[6] Das Format Weblog hat sich Mitte bis Ende der 1990er Jahre entwickelt. Erstmalig so benannt wurde der Blog im Jahr 1997. Zeitleiste vgl. http://www.metaroll.de/bloghistory.html (letzer Abruf: 30. Juli 2014).

teure der „Frankfurter Allgemeinen Zeitung" haben sich zusammengeschlossen und betreiben gemeinsam den Blog „Akte Asien". Auch für Ereignisse wie die Film-Festspiele in Cannes verwenden Journalisten das Format des Blogs („Filmfestival"). Bei der „Süddeutschen Zeitung" bloggt der Feuilleton-Chef persönlich zur Kultur („Der Feuilletonist"). Die Theaterkritikerin lässt den Leser an Kuriositäten hinter den Kulissen teilhaben („Geht's noch?").

Im Blog „Donner und Doria" („Die Welt") beschäftigt sich der Autor mit Umweltfragen. Im „Investigativ Blog" desselben Mediums geht es um das Aufdecken und Aufklären. Im Blog „Velophil" von Zeit Online dreht sich alles um das Fahrrad. „Herdentrieb" erklärt die Welt des Kapitalismus. Ein Blog von Spiegel Online („Knochensplitter") setzt sich mit der Paläontologie auseinander. Ein anderer widmet sich der Archäologie („Ausgegraben").

3.3.2   Personenzentrierte Blogs

Daneben gibt es auch Blogs, bei denen nicht ein bestimmtes Thema im Fokus steht, sondern eine bestimmte Person (Personenblog). Diese Blogs lassen eine Persönlichkeit (zum Beispiel den Chefredakteur oder einen Experten) zu Wort kommen, der seine Sicht der Dinge zu unterschiedlichen Themen erläutert. So hält zum Beispiel der ehemalige Chefredakteur der „Wirtschaftswoche", Roland Tichy, in seinem Blog „Chefsache" seine Leser jede Woche über seine Weltsicht auf dem Laufenden. Auf stern.de lässt der investigative Journalist Martin Tillack den Leser an seinen Recherchen teilhaben („Mein Rechercheblog"). Für Spiegel Online greift die Schriftstellerin Sibylle Berg Themen auf, die sie für relevant hält („S.P.O.N." – „Fragen Sie Frau Sibylle").

3.3.3   Schreiben für Blogs

Ein Blog ist ein Format, das sich im Web 2.0 entwickelt hat und dessen Vorteile für sich zu nutzen weiß. So kann der Autor zum Beispiel Blogbeiträge verlinken und durch sogenannte Tags[7] unterschiedlichen Themenbereichen zuordnen. Über Kommentarfunktionen kann er dem Leser Partizipationsmöglichkeiten eröffnen. Indem er multimedial arbeitet und Bilder, Audios und Videos einbindet, kann er seine Texte lebendiger gestalten. Außerdem gibt es keine strengen Zeilenvorgaben,

---

[7] Der Begriff kommt aus dem Englischen und bedeutet so viel wie „Etikett".

so dass der Autor das Thema auch länger ausbreiten kann, ohne in Konflikt mit den Blattmachern zu geraten.

Eine neue Textsorte sind Blogs jedoch nicht. Vielmehr sind sie eine „neue Hülle", in der sich die bestehenden journalistischen Darstellungsformen entfalten und vermischen können. Denn eine strenge Trennung zwischen den verschiedenen journalistischen Textsorten, wie sie sich über Jahrzehnte in Tageszeitungen und Magazinen entwickelt hat, gibt es beim neuen Format der Blogs (noch) nicht. Journalistische Blogger spielen auf der gesamten Klaviatur der journalistischen Darstellungsformen. Wer die „klassischen" journalistischen Textsorten und ihre jeweiligen Aufgaben kennt, kann als Blogger davon profitieren. Die Grundmuster aus dem 2. Kapitel dieses Buches kann der Autor somit auf die Blogs übertragen.

Besonders bei *personenzentrierten* Blogs dominieren *meinungsbetonte* Darstellungsformen, also der Kommentar, die Kolumne und die Glosse. So ist, wie bereits erwähnt, der Blog „Chefsache" der „Wirtschaftswoche" die Internet-Plattform, auf der der Chefredakteur seine Meinung kundtut. Sibylle Berg nutzt ihren Blog auf Spiegel Online für eine Kolumne.

Einige journalistische Blogs changieren zwischen Essay und Kommentar. Sie kommen den Web-Tagebüchern am nächsten, aus denen sich das Format Blog ursprünglich entwickelt hat. In diesen Blogs berichten Autoren aus der „Ich-Perspektive" subjektiv von ihren Erlebnissen und Erfahrungen und bewerten diese. Ab und zu spricht der Verfasser den Leser direkt an. Blogbeiträge von Don Alphonso auf faz.net sind teilweise in diesem Stil verfasst.

In *themenbezogenen* Blogs sind die journalistischen Darstellungsformen Magazinbericht, Kommentar und Kolumne häufig anzutreffen. Zu Beginn des Blog-Beitrags stellen die Journalisten eine These auf und untermauern diese im Laufe des Textes.

Insgesamt ist festzustellen, dass journalistische Blogs sehr heterogen sind – sowohl was die Wahl der journalistischen Darstellungsform betrifft als auch was die Sprache betrifft. Sie sind stark geprägt von den jeweiligen Autoren, die dem Blog ihren eigenen unverwechselbaren Stempel aufdrücken.

Literatur

Eck, K. (2007). *Corporate Blogs.* Zürich: Orell Füssli.
Calleen, F. (2012). *Texten fürs Social Web: Das Handbuch für Social- Media-Texter.* Göttingen: BusinessVillage.
Pfannenberg, J. (2011). *Corporate Communications im Web 2.0. Relevanz und Legitimität für das Unternehmen.* Düsseldorf: PR Career Center.

Weiterführende Literatur

Heijnk, S. (2011). *Texten fürs Web. Planen, schreiben, multimedial erzählen* (2. Aufl.). Heidelberg: dpunkt Verlag.

Hooffacker, G. (2010). *Texten und Konzipieren für das Internet* (3. Aufl.). Berlin: Econ.

Jabubetz, C. (2011). *Crossmedia* (2. Aufl.). Konstanz: UvK Verlagsgesellschaft.

Lenz, H. (2011). *Suchmaschinenoptimiert schreiben.* Konstanz: UvKVerlagsgesellschaft.

Schneider, W., & Raue, P.-J. (2012). *Das neue Handbuch des Journalismus und Online-Journalismus.* Hamburg: Rororo.